فلسطين في مفترق طرق
نحو تجديد عملية التضامن

Palestine at the Intersection
Towards Renewal of Solidarity

交差するパレスチナ

新たな連帯のために

교차하는 팔레스타인
새로운 연대를 위하여

The Korean YMCA in Japan
在日本韓国YMCA編
재일본한국 YMCA

新教出版社

はじめに

在日本韓国ＹＭＣＡとパレスチナ

田附和久（在日本韓国ＹＭＣＡ）

一九〇六年に東京で学ぶ朝鮮人留学生たちによって設立された在日本韓国ＹＭＣＡは、朝鮮植民地統治下最大の独立運動である三・一独立運動の導火線となった二・八独立宣言（一九一九年）の発表の現場として知られるように、日本の支配下においては民族指導者の育成に力を注ぎ、また解放後には、在日コリアンの文化創造、韓国と日本の和解と共生実現のための多様な働きを続けてきた。二〇〇六年に創立一〇〇周年を迎えた際、過去一世紀の間、韓日間で続けてきた和解と共生実現のための働きの舞台を、創立第二世紀目においてはアジアさらには世界に広げようという思いをもって、パレスチナにある東エルサレムＹＭＣＡとの交流を開始した。それまでも日本のＹＭＣＡは、パレスチナ難民キャンプへの奉仕者派遣や東エルサレムＹＭＣＡが運営する職業訓練校支援等の働きを行っていたが、二〇〇六年以降は在日本韓国ＹＭＣＡと日本ＹＭＣＡ同盟が協力して、東エルサレムＹＭＣＡ

とパレスチナYWCAが共同で設立したJAI（Joint Advocacy Initiative、ジョイント・アドヴォカシー・イニシアティヴ）が主催するアドヴォカシー・キャンペーンへの支援や、現地開催プログラムへの参加者派遣等の働きを担うようになった。

　パレスチナで開催されたJAI主催プログラムに日本から派遣された参加者たちは、帰国後、報告会や報告書を通して現地で目撃したことや体験したことを周囲の人々に伝えてきただけでなく、さらに多くの人たちにパレスチナの人々が置かれている状況を知らせようと、YMCAの内外で様々なプログラムを企画してきた。その一つが、二〇〇八年以降毎年五月に開催してきたパレスチナ映画の上映会「オリーブ平和映画祭」であった。二〇一九年までに一一回開催した同映画祭は、講演会やライブ等も同時に行い毎回好評を得ていたが、コロナ禍以降、残念ながら開催できなくなってしまった。そうしたなか、映画祭の運営委員の間で、オンラインでも可能な新たなプログラムの企画が提案され、在日本韓国YMCA創立一一五周年記念企画として実現したのが、Zoomを用いたオンラインによる連続ティーチイン「交差するパレスチナ　～新たなわたしたちのつながりを求めて～」（二〇二一年一一月～二〇二二年二月、全八回。後援＝新教出版社。実行委員＝高橋梓、田附和久、東矢高明、長尾有起、堀真悟、森小百合）であった。そしてこの連続ティーチインの発題担当者による寄稿を収録し、本書を刊行する運びとなった。

　本ティーチインならびに本書の問題意識、企画意図についてはこの後詳しく述べるが、何よりもまず、毎回のティーチインに関心を寄せてくださり参加してくださった多くの方々に心から感謝申し上げたい。これまで出会うことが難しかった、地域、世代、背景を異にする幅広い層の方々とティーチインを通じて交流できたことはたいへんうれしく、様々な現場で課題と取り組んでいる方々と新たなつながりを生み出したいという私たちの願いへの最初の一歩は踏み出せたように感じている。

本企画を主催した実行委員会は、編集者、団体職員、牧師、朝鮮文学研究者、組合専従者等が構成員となっており、パレスチナを専門の研究対象としている者はいない。そのため運営や進行に稚拙な点が多かったことは認めざるを得ない。この点は深く反省し、今後さらに学びを深めながら、市民レベルでの学習、交流、連帯の場を作り続けられるよう努力を重ねたいと思う。

在日本韓国ＹＭＣＡが先頭に立ってパレスチナとの交流を始めた当初、私たちは、かつて憎しみ合っていた韓国人と日本人が共に働く姿を見てもらうことによって、今、絶望的状況のなかに生きる現地の人たちに少しでも希望を示す存在になれたらという願いをもっていたが、実際の交流を通して、むしろ勇気づけられ、希望をもつことの大切さを教えてもらったのは私たちのほうであった。想像を絶する長期にわたる過酷な状況のなかでも決して希望を失わないパレスチナの仲間たちの精神的な強さ、そして私たちが震災等の自然災害に遭ったときにはすぐに慰めと励ましのメッセージを寄せてくれる共感と思いやりの深さに、これまでどれだけ力づけられてきたことか。本書に対しても、ＪＡＩのプログラムディレクターであるニダル・アブズルフは心のこもった言葉をすぐに寄せてくれた。そんな仲間たちとの友情に報いるためにも、今後も世界の仲間と連帯しながら、権威主義と暴力の嵐が吹き荒れ混迷する世界のなかで、新しい生き方を、新しいつながりを模索し続けていきたい。

「交差するパレスチナ」が目指すもの

堀真悟（新教出版社）

ここまで、在日本韓国ＹＭＣＡとパレスチナの関わり、また本書のもととなった連続ティーチイン開催の経緯が述べられてきた。以下では、ティーチインそして本書の目指すものを概観しておきたい。

二〇二〇年五月、アメリカ・ミネアポリス近郊においてジョージ・フロイド氏が白人警官に殺害されたのを契機として、かねてから訴えられていたブラック・ライヴズ・マター（ＢＬＭ）の叫び声は、海を越えて日本社会で聞き届けられた。五月二二日に渋谷で発生したクルド人男性が警官二名に暴行される事件は、まさにミネアポリスを彷彿とさせるヘイトクライムとして位置づけられ、強い抗議を呼んだ。また、六月には大規模なＢＬＭ連帯デモが渋谷で開催されたほか、ＳＮＳ上にあふれた個人・団体・企業からの連帯表明、大小メディアで立て続けに組まれた関連特集も、いまなお記憶に新しいだろう。

だが、そうした動きのなかであまり注目されることがなかったＢＬＭの一側面がある。パレスチナ連帯である。二〇一三年にはすでに開始されていたＢＬＭのアクションとその変遷のなかでは、アメリカの人種の問題がパレスチナ人民の苦境といかに重合しているのかが分析され、訴えられてきた。現にアメリカとイスラエルのあいだで軍事・警察・監視技術の密な交換がおこなわれているように、アメリカ黒人とパレスチナ人民に行使されている暴力とその技術は、同じ地平において捉えられるのではないか。つまり、アメリカの人種主義暴力に対する闘いと、イスラエルの植民地主義暴力に対する闘いは、別ごとではありえないのではないか、と。

BLM以前からそうした問いを発し続けてきた人物であり、哲学者・アクティヴィストとして知られるアンジェラ・デイヴィスは、BLM連帯の機運のなかで邦訳された『アンジェラ・デイヴィスの教え――自由とはたゆみなき闘い』（浅沼優子訳、河出書房新社、二〇二一年）のなかで、このことを「交差性（インターセクショナリティ）」として説明している。人種やジェンダー・セクシュアリティ、階級、国籍、能力、障害などのカテゴリーはそれぞれが独立して存在するのではなく相互に構成的な関係にあることを示すこの概念については、すでに多くの紹介がある。だが、デイヴィスが熱を込めて語るのは、そうした身体や差別経験をめぐる次元にとどまらない、いわば「闘争の交差性」である。時に別ものとして扱われる差別や身体経験を交差的に考えることができるのならば、それぞれが直面する不正義に挑戦する複数の闘争を交差的に考え、またそのようなものとして連帯を練り上げていくこともできるのではないか。隔たりを横断してパレスチナと交差する闘争を作り出す方法を掴み取るべく、わたしたちは招かれているのではないか。

連続ティーチインならびに本書は、ごくささやかながらも、こういった「闘争の交差性」への意志をもって企画されたものである。ここで本書収録論考のすべてを網羅的に紹介することは到底できないし、その必要もない。ただ、自分たち自身の置かれた状況をパレスチナとの交差のなかで捉え直すこと、またパレスチナ連帯のための語り方・手段をより豊かにすること、総じて言えば「連帯」を新たに練り直すこと、そういった構えは、すべての論考に共通しているだろう。

たとえば、今日のパレスチナにおける交差的なフェミニズム運動、物流・移動を管理調整する権力＝ロジスティクス、アメリカ黒人闘争とパレスチナを結ぶ歴史的経絡、ピンクウォッシングやホモナショナリズムの戦略などへ着眼した論考がある。これらは、権力の交差的な様態を精緻に読み解く手がかりとなるのはもちろん、「連帯」の語がもつイメージをさらに豊かにしてくれる。

あるいは、パレスチナ民衆と在日朝鮮人が置かれた相似的情況を旅する論考、かつてパレスチナへと向かった日本赤軍の行動の軌跡を辿り直す論考がある。その真摯な言葉からは、わたしたちがわたしたちとして生きるという、一見自明でしかし困難な営みとパレスチナ連帯とが、決して切り離しえないことを知らされるはずだ。

そして、ＹＭＣＡの思想的核であるキリスト教、ひいてはユダヤ教、キリスト教、イスラームの関係に目を向けた論考について。それらの宗教史を系譜的に読み解くならば、ジェンタイル・シオニズムのような宗教のイデオロギー的機能を知るとともに、それに対峙し解放の礎となるような思想に触れることになる。この思想は、狭義の信仰の有無を問わず、まさにわたしたちが共に連なるなかで、育んでいくべきものなのではないか。

繰り返せば、本書はパレスチナ連帯のための新たな語り・手段の獲得、そして「連帯」そのものを豊かにすることを目指して作られた。この意志を分かち持つ多くの人によって、本書が存分に使用されることを心から願っている。

パレスチナからのメッセージ

ニダル・アブズルフ
（「ジョイント・アドヴォカシー・イニシアティヴ」プログラムディレクター）

占領下にあるパレスチナ地域の状況は、日に日に悪化している。この一年〔二〇二二年〕の日々を埋め尽くしていたのは、パレスチナ人に対するイスラエルの抑圧の新たな手段だ。それは、パレスチナ全域にわたってさらなる苦しみをもたらし、そこで生きていくことをよりいっそう困難にするものだった。

イスラエル軍の統治部門であるイスラエル民政局（ＩＣＡ）は、この地において事実上の支配権を握っており、パレスチナ人の土地財産を没収すべく積極的に働いている。すなわち、そこは「国有地」であると宣言し、近隣のイスラエルのセツルメント（入植地）の自治権のもとに移管するのだ。こうして、パレスチナ人の共同体が生きていくために必要な住宅環境、インフラストラクチャー、生計手段は妨害され、「二国家解決」の可能性は阻まれてしまうのである。

事実、国連人道問題調整事務所（ＯＣＨＡ）によると、二〇二一年八月一日から二〇二二年七月三〇日までの一年間に、ICAは〈西岸地区の区分のひとつで、イスラエルが治安維持と行政の実権を掌握している〉C地区内の建物を六二二基も破壊している。それは、児童二四五名を含む四八一名、八一世帯に移住することを余儀なくさせ、そのほか児童四四二三名を含む九二二六名、一五八二世帯にも影響をもたらした。さらに悪いことに、ICAはC地区におけるイスラエルの入植者の暴力について、見て見ぬふりをしている。二〇二二年一月一日から二〇二二年六月三〇日までの半年間、OCHAは入植者による暴力を三五六件記録しているが、そのうち三九件は入植者によるパレスチナ人の殺傷に関連するものであり、二八四件は入植者によるパレスチナ人の財産の侵害に関わるものだった。

イスラエルは、パレスチナ人の土地に建てられる入植者の拠点――イスラエルの法律のもとですら違法だと思われる――を遡及的に合法化するというやりかたで、暴力的な入植者たちに利益を供してもいる。二〇二二年五月、三三のイスラエル入植者組織からなる極右の「ナハラー入植運動」が、西岸地区に新たに一〇以上もの拠点を建設するという計画を発表した。イスラエルの〈パレスチナとの平和共存を訴えるNGO〉ピース・ナウによれば、同時にICAは四四二七もの新たな家屋の建設を承認したという。[1] 二〇二二年四月には、イスラエル国防省もイェリコの真南の土地二万二〇〇〇ドゥナムを国内最大の自然保護区として布告するにいたったが、そのうち六〇〇〇ドゥナムはパレスチナ人が私的に所有する土地であり、これはジュネーヴ四協定への重大な違反にあたる行為である。

イスラエルの人道的組織であるベツェレムによると、イスラエルは二〇〇以上ものユダヤ人専用セツルメント（入植地）を西岸とガザ地区のパレスチナ人の土地に建設しており、そこには六二万人以上の入植者が住んでいるという。[2] いま現在もおよそ三〇のパレスチナ人の村――多くが農家や羊飼いとして暮らす、約四〇〇〇人の人びとの故郷である――が追放の脅威に直面しているが、それは、パレスチナ人を立ち退かせ、その土地をイスラエルの利益のために用いようというイスラエルの政策の一環なのである。

シェイク・ジャラやシロアム、バトゥン・アル＝ハワーといったエルサレムの近隣地域では、パレスチナ人が入植者集団の標的とされ、立ち退きや強制追放にさらされている。

土地の没収と管理をめぐるイスラエルの政策は、西岸地区の三八%しかパレスチナ人の生活のために残さなかった。これによって、二国家解決はもはや不可能なものとなっている。

一方で、パレスチナ人への暴力はますます激化している。過去一六ヵ月の間にガザに対して二度の攻撃が行われ、西岸地区の都市、ナブルスとジェニンも攻撃にさらされた。数十名のパレスチナ人――そのほとんどは市民だった――が殺害され、数百名が負傷した。こうした軍事攻撃のなか、著名なジャーナリストだったシリーン・アブ・アクレもイスラエル兵によって殺されたが、それは多くのパレスチナ人ジャーナリストに共通する死である。ここ二週間でも、イスラエルは一〇名のパレスチナ人を殺害している。そのうちのひとりは、イスラエルの兵士に追い回されることへの恐怖から亡くなった七歳の子どもである。[一]

昨年、イスラエルはパレスチナ市民社会の諸団体に攻撃を仕掛けはじめた。イスラエルによる人権侵害を報告する活動をおこなっていたパレスチナの人権関連組織が六つ、違法とされた。国連の機関を含め、多くの国や国際組織から非難を浴びているにもかかわらず、イスラエル軍当局はこれら組織を強制閉鎖し、そのスタッフを拘禁すると脅したのだ。これは、パレスチナ人を沈黙させるとともに、イスラエルの法律違反の証拠が収集され、イスラエルの指導者たちが国際人道法下での義務に対して責任を負わされるのを回避するための戦略の一部である。

パレスチナ人に対する国際的な支援と連帯をコントロールするべく、イスラエル軍当局は二〇二二年九月初めに新たな規則を定めた。そのせいで、パレスチナの組織で学んだり教えたりボランティアしたりするために、国際組織がビザを取得することは困難になっている。こうした組織に所属する者は、テルアビブ空港を経由してパレスチナに入ることが許されず、パレスチナとヨルダンの境界線を通るほかないだろう。イスラエルはかれらがやってきてパレスチナ人と共に過ごし、占領と抑圧のもとでの生について学ぶことを良しとしない。そうされるのを恐れているのだ。

政治状況は極めて悪い。説明責任の欠如、免責と支援とをイスラエルが恣にしていることに加え、パレスチナ人への抑圧に対して多くの国が共犯関係にある。そのため、そう遠くない未来に状況は変えられるのだという希望が、パレスチナ人から奪われていっているのだ。

わたしたちジョイント・アドヴォカシー・イニシアティヴ（JAI）は、人道主義的・キリスト教的価値観に基づく、東エルサレムYMCAとパレスチナYWCAの共同プログラムである。YMCAとYWCA、教会や教会を足場とする組織、国連の諸機関、その他関連組織といった世界規模の運動を結集させ、イスラエルによる占領と国際法違反のすべてを終わらせるのに寄与するような政策決定者への働きかけやアクションを促すべく、JAIは働いている。

その具体的な働きは、YMCAとYWCA、エキュメニカルな団体、そして個人や青年からの応答的な取り組みを生み出すことにある。すなわち、パレスチナにおける公正な平和を推し進めるために、メディアやソーシャル・メディアを通じてパレスチナの状況を人びとに知らせるような情報を共有すること。パレスチナへの訪問団を組織し、パレスチナの農家と若者たちに出会い連帯すること。海外でのアドヴォカシーや講演ツアーをおこなうこと。このような行動が、彼ら彼女らからの応答として取り組まれてきた。

先に述べたような状況いっさいのもとで、ＪＡＩは青年たちを支援し、かれらがより良い未来への希望を取り戻せるように活動しているが、それは決して容易な仕事ではない。わたしたちはまた、パレスチナの農家とも共に働いている。彼ら彼女らは、イスラエル兵と入植者の攻撃のため、自らの土地に入りそこを耕作するにも数多の困難に直面している。わたしたちのオリーブの木キャンペーンでは、そうした農家が土地を耕し自らの回復力《レジリエンス》を養うのを支援している。これによって土地は接収から守られ、かれらはより良い暮らしへの希望を保つことができるのだ。

わたしたちには、オリーブの木キャンペーンやユース・プログラムを支援してくれる、多くの国際的なパートナーがいる。今年の間に、わたしたち、そしてパレスチナ人との強い連帯を表明してくれる国際的な派遣団を一〇団体迎えた。かれらはパレスチナの状況について多くを学んでくれた。そして各々の国で連帯と支援のために働き、行動を起こし、成果を出している。

かくも劣悪な状況のなかで、あなたがたからの関わりと支援があることに感謝したい。わたしたちにとっては、それこそまさに必要かつ喜ばしいものなのだ。それは、わたしたちに、自らの使命《ミッション》に取り組み続けるべく力を与えてくれる。あなたがたからの連帯は、この抑圧を終わらせることに確かに貢献してくれている。いつの日かそれが実現した暁には、わたしたちは公正な平和を享受することとなるだろう。

原注

（1）Peace Now, “The government is promoting 4,500 housing units in the settlements,” 9 May, 2022, https://peacenow.org.il/en/the-government-is-promoting-4500-housing-units-in-the-settlements.

（2）B'tselem, “Settlements,” 16 January, 2019, https://www.btselem.org/settlements.

訳注

（一）アルジャジーラの以下のリンクで詳細が報じられている。“Palestinians mourn boy, 7, who died from ‘fear’ of Israeli forces,” *Aljazeera*, 30 September, 2022, https://www.aljazeera.com/news/2022/9/30/palestinians-mourn-boy-7-who-died-from-fear-of-israeli-forces. 記事によると、当時七歳だったラヤン・スレイマンが下校しているのを見つけたイスラエル兵は、ラヤンを自宅まで追い回し、投石の嫌疑で逮捕すると脅したという。自宅にまで押し入ってくる兵士の姿、その激しい恫喝がもたらす恐怖のあまり、ラヤンの生命は死に至らしめられたのだった。

翻訳＝堀真悟（新教出版社）

交差するパレスチナ

目次

第1章

パレスチナとの交差を見つけ出すために

交差的フェミニズムと連帯の再検討

金城美幸

ファーガソン＝ガザ・モーメント

二〇一四年八月、米国ミズーリ州ファーガソンで一八歳のアフリカ系アメリカ人少年マイケル・ブラウンが、アメリカの警察の銃撃によって命を奪われた。非武装の少年が絶命後も四時間、路上に放置されたことに大規模な抗議が起こったが、これに対し警官は、催涙ガス、装甲車、防弾ベスト、ガスマスク、M4カービン銃など軍隊さながらの装備で鎮圧にあたった。

こうした米国の警察暴力によって踏みにじられたブラウンの命と、それに対する黒人たちの抗議に、いち早く連帯を示したのはパレスチナ人だった。イスラエルによるアパルトヘイト政策で命の価値が貶められ、数多くの死と逮捕を経験してきたパレスチナ人は、黒人の生を踏みにじる不正義への怒りを共有していた。なかでもパレスチナ人医師ラジャーイ・アブー・ハリールのツイッターでの連帯は広くシェアされた。「君たちに放たれる催涙ガスはおそらく最初はイスラエルが私たちで実験したもの。恐れないで。あきらめないで。愛を込めて #Palestine」。占領下ヨルダン川西岸地区ラーマッラー在住のパレスチナ人ジャーナリストのマリアム・タマーリーも「忘れないで。催涙ガスを浴びたらいつも風上に走ること／落ち着くこと。痛みはいずれ引くから、目をこすらないで！ #Fergason 連帯を込めて」と投稿し、黒人とパレスチナ人が直面する状況の類似性が可視化されたのだった。(1)

折しもパレスチナでは、ブラウンの死の一か月前（七月八日）からガザ地区へのイスラエル軍の大規模侵攻が行われており、七年間の封鎖下にあったガザに三万二〇〇〇発の砲撃と六〇〇〇回の空爆が行われ、最終的に五一日間に及んだ攻撃で二二五一人の死者を出した。すると、今度はファーガソンの抗議者もパレスチナ人の抵抗のシンボルであるクフィーヤを身に着け、「ファーガソンからガザへ　占領は犯罪だ」とバナーを掲げて行進し、パレスチナと米国での抑圧の同時性に対して声をあげたのだった。

黒人活動家クリスティアン・デイヴィス・ベイリーは、黒人とパレスチナ人を取り巻く国家的暴力の類似性を示したこの瞬間を「ファーガソン＝ガザ・モーメント」と呼んだ。(2) このモーメントは「黒人とパレスチナ人の解放闘争の両方にかんし、米国の主流派の政治意識の向上と状況変革を生み出した」とベイリーは言う。黒人とパレスチナ人の連帯は、二〇一五年に「ブラック・フォー・パレスチナ」が発表した「黒人によるパレスチナとの連帯声明(3)」にも見られる。この声明で、イスラエルによるアパルトヘイトが「民族浄化、土地収奪、パレスチナ人の人間性と主権の否定」として糾弾されるなど、黒人運動の公的アジェンダとしてパレスチナ問題が語り直されたのだった。

ファーガソン＝ガザ現象は、米国の黒人闘争を、帝国主義的支配に象徴される人種主義と資本主義に対する闘争に位置づけるという、黒人運動内のラディカルな想像力の延長線上にあるものだった。特に一九六七年にパレスチナ全土がイスラエルに占領されると、両者の連帯は、帝国主義、植民地主義、白人至上主義をグローバルな現象として理解する方法となってきた。

だが、二〇一四年のファーガソン＝ガザ現象については、伝統的な黒人・パレスチナ人連帯に留めてはならないという問題意識が、パレスチナ人と黒人双方から発されてきた。代表的パレスチナ研究誌の一つ、『パレスチナ研究ジャーナル』は、二〇一九年に「黒人・パレスチナ人のトランスナショナルなネットワーク」という特集を組み、米国とガザでの暴力には黒人とパレスチナ人の生を破壊する国家暴力という共通性があるとして「黒人とパレスチナ人の越境的連帯（Black-Palestinian transnational solidarity, 以下「BPTS」）」の歴史に焦点をあてた。巻頭論文では、在米パレスチナ人ノーラ・エラカートと黒人としてパレスチナとの連帯を訴えるマーク・ラモント・ヒルが、BPTSには刷新が必要だと強調した。(4)

エラカートとヒルはなぜ連帯の刷新を求めたのか。理由の一つには、伝統的なBPTSが下火になった過去があるためだ。その原因の一つは、冷戦崩壊後、米国による中東の再秩序化の一環として結ばれたオスロ合意（一九九三）以降、イスラエル・PLO間の和平プロセスが始まったことだった。オスロ合意は、パレスチナ解放はおろか、イスラエルの占領地撤退からも程遠い、占領の再編成でしかなかったが、日本や欧米メディアはこれを「二国家解決」と評価するなど、国際社会の言説はパレスチナ人の置かれた現実に即して「和平」の虚偽を暴くことに失敗してきた。こうした全般的状況はBPTSの停滞の一因ともなっていた。

しかし、BPTSの刷新は、情勢変化ゆえに低下した関心を取り戻すことだけが目的ではなかった。エラカートとヒルは、ファーガソン＝ガザ・モーメントで示された米国黒人と占領下パレスチナ人の経験の類似性を指摘しつつも、国家暴力の形が単に似ているという事実を語るだけでは不十分だと述べる。というのも、黒人やパレスチナ人の過去の運動では、同じ構造的暴力に直面しながらも、黒人運動内のパレスチナ人差別（シオニズム支持）やパレスチナ人運動内での黒人差別があったためである。黒人であること、パレスチナ人であること、その事実だけで自動的に連帯が担保されるわけではないのだ。つまり、エラカートとヒルは連帯の「批判的な審問」が必要だと訴えたのだった。二人は、黒人とパレスチナ人の間で経験の類似性をシンボリックに祝福するだけでなく、批判的な互酬性や差異の承認、相互関与的な連帯への参加を通して連帯を鍛え直す重要性を強調したのだ。

ブラック・フェミニズムと在米パレスチナ人フェミニズム――交差性を介した連帯

ＢＰＴＳの刷新を求める声は、ブラック・ライブズ・マター運動（以下、ＢＬＭ運動）の拡大とも連動していた。ＢＬＭ運動では、その拡大の過程で生じた運動内の差別や排除に鋭敏に反応し、交差性（インターセクショナリティ）概念を梃子として運動を自己変革していく動きが生まれたためである。

一九八九年、キンバリー・クレンショウが論文[5]で交差性の概念を掲げたのは、既存のフェミニスト理論や反人種差別のための諸制度では、差別は人種や性別などの単一の次元でのみ起こることが前提となっているため、差別される集団のなかでも特権的地位――女性差別であれば白人女性、人種差別であれば黒人男性――にある人々の経験しか着目されず、黒人女性の特有の経験を取り上げることができないという問題があったためだ。クレンショウは述べる。

黒人女性は時に白人女性の経験と同様の方法で差別を経験する。別の場合には、彼女たちは黒人男性と非常に似た経験を分かち持つこともある。それでも、彼女たちはしばしば二重の差別を経験する――すなわち、人種に基づく差別と、性別に基づく差別の実践が結びついた結果としての二重の差別である。またある時には、彼女たちは黒人女性としての差別を経験する――人種差別と性差別の総和ではなく、黒人女性としての差別を。[6]

交差性概念は、差別は、人種、階級、ジェンダー、セクシュアリティ、アビリティ、エスニシティなど様々なカテゴリーが相互に関連し合うなかで発生すると捉える点で、差別を支える権力の複雑さを説明してきた。また、交差性概念によって、反差別運動やフェミニズムなど社会正義を求める運動が、交差的状況を生きる弱者へのさらなる抑圧を生み出す点も指摘されてきた。

米国の文脈で生まれた交差性概念については、すでに日本でも議論があるのでそちらに譲るとして、ここではこの概念がパレスチナ人フェミニストに与えた影響を検討したい。実は交差性概念は、米国パレスチナ人フェミニストが直面する現実を説明する概念としても効果を発揮してきた。なぜなら、米国の主流派フェミニストの間で、イスラエルは「中東で唯一の民主主義」、「女性やLGBTの権利擁護国」といったイスラエルの広報外交そのままの理解が浸透し、シオニズムの不正義の隠蔽に加担する状況があったためである。しかし、そもそもパレスチナでの入植型植民地主義の土台を成すシオニズムは、近代の中東の植民地化の過程で西洋諸国と同盟して拡大し、パレスチナの先住者の民族性を否認し、その追い立てを進めてきた。そして米国は、第二次世界大戦後、特に一九六七年以降、イスラエルとの「特別な関係」を維持し、イスラエルのアパルトヘイト政策の最大支援国となってきた。こうした背景のもと、米国では、あらゆる抑圧からの解放を求めるはずのフェミニズム運動が、シオニストと協力し、パレスチナ人フェミニストの声の抑圧に加担する事態が起きていたのである。

この事態を示す一例に、二〇一九年にロサンゼルスで開かれたウィメンズ・マーチがある。このマーチでは、女優スカーレット・ヨハンソンが発言者として招かれたが、ヨハンソンはイスラエルの家庭用炭酸水製造会社ソーダストリームの広告塔を務める人物だった。同社は、かつて国際法上違法とされる入植地に建設された工場で作った製品をグローバル市場に販売しており、パレスチナ人への抑圧から直接利益を得ているにもかかわらずその事実を隠蔽していたため、パレスチナ人の呼びかけによりグローバルに広がっていた対イスラエルＢＤＳキャンペーンの対象となっていた(7)。一方でヨハンソンは、かつてソーダ社との契約と並行して貧困と不正の根絶を謳う国際ＮＧＯオックスファムの大使も務めていたが、オックスファム大使でありながらパレスチナ人抑圧に加担する姿勢に批判が集まると、オックスファム大使職を辞任してソーダ社との契約を続けたという経緯があった。これを踏まえてパレスチナ人やアラブ人女性は、ヨハンソンがウィメンズ・マーチの発言者となることに抗議し、マーチへの参加拒否を伝えたが、運営側はこれを無視して予定通りマーチを開催したのだった。

米国では、主流派フェミニズムがシオニズムに加担する状況を受け、パレスチナ人やアラブ人フェミニストのネットワーク化が進んだ。その一つが「パレスチナ・フェミニスト・コレクティヴ（Palestine Feminist Collective, 以下「ＰＦＣ」）」であり、ＰＦＣは二〇二一年三月にフェミニストとしての誓約を発表した(8)。誓約の序文でＰＦＣは、米国および世界での反植民地主義、反資本主義、反人種主義運動という大きな枠組みのなかで共闘してきたパレスチナ人、黒人、先住民、第三世界フェミニスト、労働者階級、そしてクィア・コミュニティの間の連帯の遺産を保持するという意志表明を行った。ＰＦＣはこの自らの立場を、米国のフェミニズムの主流をなす「リベラル・フェミニスト」の伝統に抗うものとし、リベラル・フェミニストが、ジェンダー暴力や性暴力と入植型植民地主義、人種主義的資本主義、グローバルな白人至上主義との結びつきを把握することに失敗しており、パレスチナ人女性の声を沈黙させるオリエンタリズム的な言説に頼ってきたとして真っ向から批判したのだった。

このＰＦＣの立場は、黒人女性が交差性概念に基づいて展開した白人フェミニズムへの批判を、パレスチナ人女性の経験に引き付けて、フェミニズムの課題をパレスチナ解放と結びつけるものだと言える。それはいわば、黒人女性やパレスチナ人女性の経験をかき消す白人・西洋的フェミニズムから、フェミニズムを取り戻す試みだと言えよう。ＰＦＣにとってフェミニズムとは、家父長制を可能たらしめるジェンダー暴力、人種主義、グローバル資本主義、植民地主義の暴力の複層性と相互依存を解明し、様々な次元で発動している権力から自らを解放する思想なのである。そうであれば、フェミニストとして、パレスチナ人への人種差別、ジェンダー暴力、アパルトヘイトを制度化するシオニズムを支持するなどはあり得ない。つまり、フェミニストでありシオニストであることは両立し得ないというのが彼女たちの主張だ。

この理解に基づき、ＰＦＣは「パレスチナはフェミニストの課題である」と主張する。この言葉は、ジェンダー暴力を人種主義、グローバル資本主義、植民地主義と結びついた構造の一部として捉えることで、女性が日常において直面する暴力とパレスチナ人の抑圧との結びつきを探求するための言葉である。ＰＦＣは、個々人を取り巻くジェンダー暴力と、パレスチナ人を抑圧する権力の結びつきを分析し、自身のコミュニティにおける抑圧からの解放とパレスチナ解放を一つの地平で思考するための視点を提供しているのである。

パレスチナにおける入植型植民地主義と家父長制

ＰＦＣの視点は、米国の社会運動の文脈から生まれたものだが、ＰＦＣが主張した交差的フェミニズムはイスラエル支配下のパレスチナ人フェミニストとも強く響き合ってきた。というのも、パレスチナ人フェミニストの分析によれば、植民地主義の暴力は家父長制の暴力と不可分のものであり、これらの暴力に親和性があるからこそ、植民地主義はパレスチナ社会の家父長制を温存し、拡大し、利用することでパレスチナ人女性の身体を支配し、先住民社会の破壊を試みてきたことが指摘されてきたからである。

こうしたイスラエル支配下での交差的暴力の一つに、イスラエル当局に拘禁されたパレスチナ女性囚人への暴力、なかでもパレスチナ人が「イスカート（isqat）」と呼ぶイスラエル刑務所内での暴力的慣行がある。この慣行は、パレスチナ人女性囚人を拘禁するイスラエル軍や諜報機関が、尋問時に治安に関わる情報（と彼らが定義するもの）を引き出すために性暴力をふるったり、性的拷問を行うと脅迫することを指す。イスラエル治安当局は、女性の「純潔さ」、「名誉（＝婚前女性の処女性）」

といったパレスチナ社会の家父長的な文化コードを利用し、虐待や拷問を行ったという事実を暴露することを脅迫材料としてたびたび女性囚人に情報提供を強要してきた。例えば、刑務所内での衣服の着脱を盗撮したり、女性政治犯への性的ハラスメントや虐待を行い、その記録や事実を家族や友人たちに暴露すると脅迫して、情報提供や「自白」を強要するのである。

もちろんこうした行為には、女性囚人のプライバシー侵害に加えて、女性が社会内で維持してきた共同性を破壊するという重大な人権侵害が伴う。パレスチナ人が「イスカート」と呼ぶこの慣習はアラビア語で「崩落」や「転落」を意味し、イスラエルの軍事力が、パレスチナ社会の女性のセクシュアリティについての家父長的な認識を活用して、女性やその家族を辱め、打ち負かす手段として使われてきた。そのため、女性が刑務所内で経験した性犯罪や虐待について語ることは非常に難しくなっている。刑務所という入植型植民地主義の最前線に置かれた女性たちは、自らが属するコミュニティにおいて作用している家父長的価値観を侵害する形でふるわれる性暴力の恐怖に直面し、植民地主義と家父長制の狭間で沈黙を迫られてきたのである。

また別の例として、植民地主義やアパルトヘイト、軍事占領下では、被抑圧集団の男性がその社会で構築されてきた「男性性」を否定される状況が作り出され、その結果失われた「男性性」の維持・回復のために自社会の女性の行動やセクシュアリティを――「家族の名誉」の名のもとで――管理する構造が生まれている点が指摘されてきた。この分析では、植民地主義やアパルトヘイト下で、被抑圧集団の男性が政治や経済といった公的領域を支配できないため、彼らが「男性性」を発揮できるのは私的領域のみとなり、その結果、被抑圧者集団の女性や子どもがより大きな影響を被るとされる。

こうした事例として、パレスチナ人フェミニスト研究者のナデラ・シャルホウブ＝ケヴォーキアンは、夫と一緒に車でイスラエル軍の検問所を越えようとしたある友人のパレスチナ人女性の経験を紹介している(9)。その友人は、検問所を通る時、イスラエル兵が男性通行人のズボンを引きずり下ろし、腰から下を裸にしているのを目撃した。季節はラマダーン月で、男性は断食明けの食事用の食材がつまったビニール袋二つを両手に持ち、家族に会いに行くために検問所を越えようとしたのだという。男性が占領軍に辱められる姿を見た友人は、車から降り兵士に抗議した。およそ一五分間、兵士と押し問答をくり返した後、友人は夫の方を振りむくと自分の車も夫もいなくなっているのに気づいた。彼女が夫の居所を探るために電話をすると夫は次のような言葉で妻をたしなめた。「いいかい、僕がもしあの場にいれば、奴らはあの男性の時とおなじように僕のズボンを脱がしていただろう」。

この出来事が物語るのは、通行人である男性が、占領によって脅かされた生の回復を、断食明けの食事というコミュニティ内での慣習の維持と喜びの時間を用意することではかろうとするなか、占領者がその試みを打ち砕くために既存のジェンダー規範を利用して屈辱を与えるという暴力的光景である。入植型植民地主義の力は、先住者社会で作用するジェンダー関係を意図的に侵害することでコミュニティ内の「安定性」の感覚を攪乱させるが、他方で先住者社会の男性の側は、その暴力に対応すべく「安定性」を再構築するために（妻が兵士と対峙するのをたしなめた夫の行動のように）「より弱い」存在としての女性の身体や行動の管理を行うのである。

他にも、占領下での脆弱な生を強いられるパレスチナ人社会では、家父長である男性が、娘のセクシュアリティを管理することを「家族の名誉」とし、それを民族浄化による消滅の危機のなかでコミユニティを維持する「抵抗」として説明することも多い。しかし、「抵抗」のために「家族の名誉」の保持を求めることは、パレスチナ人女性の身体にとっては恐るべき暴力となる。「社会的醜聞」を防ぐためとする幼い少女への早期結婚の強制、女性の「倫理レベル」の証明のためという理由での処女検査の強要、「倫理コード」に反する行動を取った女性の殺害（いわゆる「名誉殺人」）などはその例の一部である。

グローバルな表象の暴力と西洋フェミニズムの罠

これまで述べた事例は、パレスチナ／イスラエルというローカルな場で起こる交差的暴力についてであった。しかし、パレスチナ人女性の直面する現実を理解するためには、西洋社会が創ってきたグローバルな言説との関係において、交差的暴力にさらされるパレスチナ人女性の表象という問題も検討する必要がある。なぜなら、西洋的な言説ではパレスチナ社会の家父長制を、入植型植民地主義によって操作されたものではなく、パレスチナ文化の「本質」と表象することで、入植型植民地主義の暴力を隠蔽し、パレスチナ人女性の抑圧に加担してきたためである。

岡真理は、こうした表象行為がパレスチナ社会に対する認識論的暴力であり、知的な植民地主義である点を指摘してきた[10]。西洋フェミニストによるアラブ人の女性文学の受容のしかたを分析するなかで、岡が批判したのは、家父長制批判を行うアラブ人女性の著述を取り上げ、「後進的」な社会に属する女性が西洋フェミニズムに目覚めたとばかりにこれを歓迎するという西洋フェミニズムの欺瞞についてであった。岡によれば、アラブ人女性は自社会の家父長制と同時に、西洋の植民地主義をも批判しているにもかかわらず、西洋フェミニストは植民地主義への批判という文脈を理解することに失敗していたのである。その結果、西洋フェミニズムは西洋の歴史に内在する植民地主義の問題を直視することのないまま、自分たちが「解放者」であるかのような自己像を保持することになった。岡はこれを「西洋フェミニズムの罠」として次のように指摘していた。

他者をそのようなものとして——抑圧的なアラブ社会、差別されるムスリム女性、因習の犠牲者アフリカ女性等々——一方的に規定することによって、その反転像としてのたぶんにナルシスティックな自己像——何はともあれ幸せな日本社会、近代的人権概念をもった「私たち」——を内面化させ、「解放」の幻影を与えてもくれよう。しかし、実際のところ、そのような他者像／自己像は、私たち自身を解放の真の地平から遠ざけ、私たちのフェミニズムの可能性を掘り崩すものでしかないだろう(11)。

この西洋フェミニストの認識論的暴力がパレスチナ人女性を誤った形で表象するイデオロギーであることは間違いない。だが、それだけでなく、このイデオロギーは、現在の（とりわけオスロ合意後の）パレスチナの現実のなかで、物理的な暴力となってパレスチナ人社会で作動してきたとも言える。なぜなら、オスロ合意以降、イスラエルの占領構造を半ば肩代わりする形で欧米諸国の国際援助や国際機関を通じた援助がパレスチナ社会に流入し、パレスチナ人を取り巻く現実の一部を規定してきたためである。これらの援助や開発プロジェクトの多くは、占領下パレスチナ社会から家父長制の暴力のみを取り出し、それを「パレスチナ文化」として表象するという西洋的フェミニズムと同じ罠に陥ってきた。結果、パレスチナ人女性が直面する、植民地主義、家父長制、ジェンダー暴力、性暴力の交差状況にもかかわらず、国際援助は家父長制の暴力だけを切り取り、パレスチナ人女性を「後進的」な文化の「犠牲者」と位置づけ、それに相対する「救済者」の自己像を再生産するという問題が生じているのである。

この援助言説のなかでは、パレスチナ人女性は「女性」としてのみ切り取られ、民族的な主体性が無視されてしまい、イスラエルの占領に対する民族的な抵抗活動への参加が許されないなどの事態が起きる。そうすると、援助言説の外部で民族的抵抗を行う女性、すなわち請願の提出、デモや集会への参加、検問所での兵士との対峙、占領軍からの攻撃の脅威にさらされた場合の投石などを行う女性は、「犠牲者」ではなく「テロリスト」として表象されることになる。

現在、国際援助を通してパレスチナ社会で実体化されるグローバルな表象体系は、紛れもなくパレスチナ人女性にふりかかる交差的暴力の一つを成している。なぜなら、「救済の対象」であれ、「テロリスト」であれ、西洋的なパレスチナ人女性の表象は、入植型植民地主義と一体となって彼女たちをさらに追い立てる権力となるからである。パレスチナ人女性の個人としての自由が親族から侵害された時には保護される一方、同じ女性の自由が外的な植民地主義的諸アクターに侵害された時には保護が行われないという状況があり、その状況は女性のコミュニティ内の立場を揺るがし、彼女たちをコミュニティ内での離散状況に追いやってしまうのだ。(12)

女性たちのエージェンシー

パレスチナ人女性が生きる複雑な現実については、グローバルな言説のなかでは――「救済の対象」か「テロリスト」かという――誤った単純化が行われるなか、岡はガヤトリ・スピヴァクの議論を引きながら、サバルタンであるパレスチナ女性を適切に表象できるような「「正しい」名前とは何か」と問うていた。そして「女性」や「パレスチナ人」、「パレスチナ人女性」、あるいは「サバルタン」など、他者による――とりわけ「西洋」、そしてアジアへの植民地主義を未だ克服できていない日本のフェミニストによる――翻訳行為はそれ自体が暴力となると言う。それを踏まえて岡が重視したのは、パレスチナ人女性の「正しい」名前が何であるかよりも、彼女を何者かとして名指し、彼女について語ることで何が交渉されるのかという問いであった[13]。

岡は、西洋および日本のオリエンタリズム的な言説の暴力性を問い、パレスチナ人女性が自己表象をしたとしても、日本人女性によるその意味の受け取り方との間には必ずズレが生まれるという事実を直視するよう主張した。日本国籍を持ち、「私は日本人だ」とためらいもなく述べられる特権を持ち、植民地主義の歴史の延長をそれと知らずに生き、その構造を知らないうちに再生産してしまう日本人としての自己。そうした自己を見つめ、自己の特権性を支える構造から排除される他者と出会うことによって、自分が何者であるのかの意味を獲得していく必要性を、岡は提起したのだった。この岡の重要な提起は、今私たちが交差性という概念を使って論じている課題を先取りしたものであり、交差的フェミニズムに基づいてパレスチナ人女性の闘争を共に分かち持つという課題を考えるうえで必要な視点だったと言える。

しかしそのうえで、他者との関わりによって自分の特権性を知る作業と同時に、パレスチナ人女性が交差的な現実のなかでどのような経験をし、どのような自己表象を行っているかに可能な限り接近する努力も重要だろう。たとえ、それがどれほど「私たち」の認識とのズレを生じさせるとしても、自らの歴史性・特権性によって構築された認識とパレスチナ人女性の自己表象とのズレの間でいかなる交渉が可能なのかを、同時に探求せねばなるまい。

ここで再びシャルホウブ＝ケヴォーキアンの議論を紹介すると、パレスチナ人女性たちが行う自己表象について次のような指摘がなされている。「(「サバルタンは語ることができるのか」という問いに対し）私はパレスチナ人女性の置かれた文脈では、サバルタンの声を明らかにするという問題提起の必要はないと言いたい。彼女たちの声はそこにあるのだから。問うべきは、解釈と表象の政治のほうである」[14]。スピヴァクはサバルタンが語れないのは、彼女たちが植民地主義的・家父長的なチャンネルの外側で発話しているがゆえに、帝国的認識から把握されないためだとした。しかし、シャルホウブ＝ケヴォーキアンは、帝国的認識によって作られる言説との交渉のなかで、実際に声を発しているパレスチナ人女性のエージェンシー[15]に注目する。そして、たとえ女性が沈黙を余儀なくされている場合も、その沈黙のなかに権力と交渉される意味を見出す必要性を強調している。

おそらく重要なのは、私たちは何者なのかという問いを抱えながら、他方では、声を発し、あるいは沈黙を余儀なくされているパレスチナ人女性の明示的・暗示的なエージェンシーに可能な限り関与し、そこで発される自己表象や意味を読み取り、それと交渉し、自己についての問いを鍛えていく過程だろう。その過程はもちろん、日本社会に生きる人間として、日本で継続している植民地主義やナショナリズムの暴力、人種、ジェンダー、階級、能力主義に基づく暴力の交差を生きる他者と出会い、そうした人びととのエージェンシーと交渉し、自分が何者かを捉え直すこととも並行するプロセスとなりうる。

「武器」とされる身体についての語り

シャルホウブ＝ケヴォーキアンは、パレスチナ人女性の発話、日常実践、そして沈黙から、そこにエージェンシーが作用している現実を切り取り、彼女たちが自身の抵抗をいかに分析しているかについて優れた考察を示してきた。

この考察のなかで、シャルホウブ＝ケヴォーキアンは、パレスチナ人女性自身が現実を理解する際に用いる特徴的な表現として、「武器（スィラーハ）」とされる女性の身体についての語りに注目している。女性の身体が「武器」となっている――この表現でパレスチナ人女性たちは何を語ろうとしているのか。その最初の答えは、家父長制に根差した入植型植民地主義によってその身体が利用される状況である。

たとえば、二〇〇〇年代の第二次インティファーダでは、イスラエル占領軍がパレスチナ人居住地に侵攻する際、女性の身体――「戦闘的」な男性と比べ管理が容易と見なされる――が「人間の盾」

とされ、イスラエル兵らが安全に移動するために戦車の前を歩かされるケースが多数報告された。「彼ら（イスラエル軍）は私たちを人間の武器として使ったのよ。（…）（彼らは）私やこの地区の女性たちみんなに彼らの戦車の前を歩くよう言い、私たちは彼らをこの地区の外に送り出したの。男たちが皆見ていたなかで（…）女たちはシオニストが私たち（パレスチナ社会全体）と闘うために使う新しい武器になってしまったのよ」。同様に、第二次インティファーダ期、イスラエル軍が占領地に侵攻する際、拡声器で女性へのレイプの脅迫も多数行われた。「一九四八年のナクバの時と同じように、彼らは恐怖を広めるために女性の名誉を利用したのよ。（…）私たちの名誉でさえ、私たちに向けた武器として使われてしまうの[16]」。

他方、武器という言葉は、パレスチナ社会のなかで女性の身体が利用される局面を語る時にも使われる。それは、パレスチナ社会の家父長的な力によって、女性の存在が、自らの意志とは関わりなく、彼らの闘争における武器とされる状況を指している。シャルホウブ＝ケヴォーキアンはある友人パレスチナ人女性の語りを紹介している。

私が最初の子を産んだ時、父が私を訪ねて来たの。私たちは政治情勢の厳しさ（…）や、仕事がないこと、貧しさ、家族を養う難しさ、エルサレムにある父の店に行くのに毎日兵士と対峙し続けることの難しさなどを話したわ。すると父は、彼に唯一強さを与えてくれることは、娘たち――私たち三人姉妹――が良い評判を保ち、全員結婚して、皆が男の子を生んだことだと言ったの。なんて人生なんでしょう。（…）私たち女性は――私たちの名誉、生物としての生産性は

――、男が武装するのに使う唯一の武器になっているのよ。（…）自分たちを守るための武器に。だから、私が早くに結婚して、結婚まで名誉を保ったこと（処女であったこと）、すぐに妊娠したこと、（…）それから男孫を生んだこと（…）は父が自分が男であることを証明する唯一の道なの。[17]

ここには、占領下で生を脅かされるパレスチナ人の父親がそれに抵抗しようとする時、唯一可能な資源が娘のセクシュアリティでしかないという現実の一端がある。そして娘はそれを冷静に分析し、父にとっての「唯一の武器」としてコミュニティ内での自分の身体の位置づけを説明するのである。しかし、この女性は、その明確な分析にもかかわらず、自己のニーズや欲求などの自我を放り出しており、彼女自身の望みについては沈黙していると言える。だが果たして、自己の望みは語らず、家父長制の圧力により武器となることを余儀なくされている女性たちは、受動的な犠牲者でしかないのだろうか。

シャルホウブ・ケヴォーキアンは、それは「否」だと言う。「私には、（自身の欲求についての）沈黙もまた、苦しさを伴った情熱的な発話と同じぐらいに声高に語っているように見える。かくして、沈黙すること、沈黙を保つこと、沈黙を通して語ることは――抑圧の結果としてだけでなく――政治戦略として現れるのである」。自身を取り巻く抑圧構造を、武器という言葉を使って分析するこのパレスチナ人女性にとって、沈黙を保つことや沈黙を通して語ることは状況に応じて選ばれた一つの政治戦略と言えるのかもしれない。[18]

これらの語りで、武器という軍事化された言葉が使われていることは、占領下パレスチナのローカルな文脈の現れだと言える。しかしそれ以上に、家父長的暴力と植民地主義の暴力の両方ともを、武器という言葉で照射し直すことで、軍事化と家父長主義と植民地主義が一体となってパレスチナ人女性の身体を管理しているという事実を、自己の置かれた文脈に沿った言葉で照らし出したとも言える。この意味で女性の武器化という表現は、ブラック・フェミニストが交差性という言葉で切り取ってきた現実を、パレスチナ人女性がローカルな文脈で表現し直すための表現なのかもしれない。これは、交差性を語る黒人女性のエージェンシーと、パレスチナ人女性の発話におけるエージェンシーの共振とも言えるのではないだろうか。

ターラアート運動

占領下の日常での会話、家族のケア、通学、結婚、沈黙から読み解かれるパレスチナ人女性たちのエージェンシーは、常にそこにあり、彼女たちは発話や沈黙を通し、交差的状況と交渉してきた。彼女たちは、いかに周縁化されていたとしても、諸権力の最前線に置かれた身体として、権力と交渉し、それに立ち向かっていた。

このパレスチナ人女性のエージェンシーに対してパレスチナ社会で注目が集まった出来事がある。それは、二〇一九年夏、ベツレヘムに暮らす二一歳女性のイスラー・ガリーブが家族に殴打され、殺害された事件をきっかけに抗議が起きた時だった。イスラーはインスタグラムに婚約者と映った写真を掲載したという理由で家族から暴行され、病院に運ばれたが、病院内で付き添いの家族にさらに殴打され、致命傷を受けたのだった。

このイスラーの死後、瞬く間にソーシャルメディアのキャンペーン「#We_Are_All_Israa_Ghrayeb（私たちはみんなイスラー・ガリーブ）」が立ち上がり、親族による女性の殺害が「名誉殺人」として正当化される状況に対して大抗議が起きた。(19) イスラーの死から二週間後には、抗議はオンライン空間から路上へと場を移した。

二〇一九年九月二日、イスラーの死に抗議するパレスチナ人女性たちは、他の女性たちに「ターラアート！（飛び出そう！）」と呼びかけ、占領下の西岸各地やガザ、イスラエル領内各地でデモを行った。この運動は、既存の女性団体のほか、パレスチナ人のLGBTネットワークやこれまで運動に参加してこなかった学生や若い女性たちも参加し、離散パレスチナ人もソーシャルメディアで次々と連帯を表明した。かつてない規模での女性の抗議となり、彼女たちの声はパレスチナ・メディアの公的言説で取り上げられるようになった。

私たちが誰かと尋ねるみなさん
パレスチナ、私たちはあなたの娘たちです
男性性に――革命を！
家父長制に――革命を！
占領に――革命を！

シオニズムに――革命を！
植民地主義に――革命を！
抑圧に――革命を！
帰還！　自由！　女性革命！
家から降りて出てらっしゃい
あなた方の権利を求めましょう
自由な女性なくして自由な祖国なし

（抗議デモでの呼びかけ）

「ターラアート」はアラビア語で「外に出る」ことを意味するが、女性に対する暴力という問題を公的領域に持ち出すという意味も込められており、家庭や個人的問題をパレスチナ解放のための中心議題とすることを目的に掲げる運動であった。運動の主導者の一人でイスラエル領北部ハイファ在住のスヘイル・アスアドは、路上での抗議に初めて参加する女性がいたり、デモに参加できなくても家の窓からデモを見て連帯のチャントをする女性がいたと述べ、それは、デモがジェンダー暴力をいかにパレスチナ解放と関連づけるかという総合的な問題を議論する場となっていたためだと分析する。(20)ターラアート運動により、ジェンダー的視点を含む社会革命と民族解放とを関連づけた、総合的な視点からの議論の場がパレスチナ社会で開かれたのだった。

同じく運動の主導者の一人でイスラエル領南部ナカブ出身のライヤー・サンナも、パレスチナ社会で女性への抑圧を論じることは、民族闘争という大きな題目のもとで周縁化されていたと振り返る。[21]ターラアート運動もこうした周縁化の圧力に直面しているが、サンナは、問うべきは民族闘争か社会闘争かという二項対立ではなく、それらの闘争がどう連関しているかだと強調した。運動のスローガン、「自由な女性なくして自由な祖国なし」に示される通り、彼女たちは、現在の占領構造を温存させたまま女性の状況改善を目指す改革ではなく、占領の終結と家父長制からの解放を同時に目指すフェミニスト革命を志向したのだった。

もちろん、現在のパレスチナ社会では、女性が直面する抑圧を語ることが容易ではないことも多い。そのため運動では、パレスチナ人女性が自らの抑圧の経験を特定し、それがどのような暴力の構造によるものなのかを省察する小さなスペース作りにも各所で取り組んでいるという。そのため、パレスチナ各地ではデモに参加できない女性でも、個人的なことを政治的なこととして議論できるような場を作る努力が生まれているのだという。

こうした交差的フェミニズムに基づくターラアート運動には、従来のパレスチナ社会における祖国解放運動の流れからしても画期的な意味がある。なぜなら、オスロ合意以降、パレスチナ指導部が占領機構の一部となり、分断された住民を統治する権力となってきたなか、様々な改革が試みられるも、いずれも分断の克服には失敗してきたからだ。これに対しターラアート運動は、交差的フェミニストの視点から、パレスチナ社会内の分断を架橋する新しい祖国解放構想を示しているのである。イスラエルによるアパルトヘイト政策により、歴史的パレスチナが西岸・ガザ・東エルサレム・イスラエル領内という地理的・行政的単位に分断されるなか、ターラアート運動はこれら分断された女性・

男性たちを結びつける新たな解放の道を目指しているのである。

終わりに

本章では、ＢＰＴＳの刷新という問題提起と、交差性に基づく社会運動の自己変革が、在米パレスチナ人フェミニズムおよびイスラエル支配下のパレスチナ人フェミニズムといかなる相互連関を持っているかを見てきた。米国でのブラック・フェミニズムの再注目とともに、それと共振するパレスチナ人フェミニストの運動も、米国の主流派メディアに影響を与えつつある。もちろん、ターラアート運動が即座に米国やパレスチナ社会の世論を劇的に変えることはないにせよ、彼女たちが西洋・自社会の言説とどのような交渉を見せ、それらの言説を揺るがし、自身のエージェンシーを発信するのか、そしてそれを日本社会でどう受け止めるのかは重要な問いとなろう。

日本では、一九九〇年代に歴史認識論争が活性化して以降も、植民地主義の過去の忘却が続いており、その過去に対する責任を国としても国民としても果たし切れていないまま、被害者が亡くなっていく事態となっている。二〇〇〇年代には、官主導で日本軍「慰安婦」や植民地出身者の強制労働についての「強制性」の歴史が否認されるというバックラッシュが起き、日本社会での闘争の厳しさが増している。こうしたなか、日本社会では、パレスチナ人の闘争との交差点も見えづらくなっているのではないだろうか。

だが、歴史認識論争のなかでは、イスラエルと戦後日本の構造的類似性、すなわち、両国とも植民地主義の延長線上に、あるいは直接の継続状況にあるにもかかわらず、それを忘却し、「民主的」・「平和的」な国民国家を自任する欺瞞が指摘されてきた。それらの議論では、難民となることを余儀なくされたパレスチナ人と、戦後日本で市民権を一方的に剥奪された在日朝鮮人の経験を結びつけ、個別・特殊の事象に落とし込まれていた在日朝鮮人やパレスチナ人の闘争を、世界史的な文脈で普遍的課題に置き直してきたのである。

今、黒人女性やパレスチナ人女性は、改めて闘争の意味と連帯の可能性を提起している。日本社会では、過去に提起されたパレスチナ連帯のあり方を振り返るとともに、現在の日本とパレスチナの置かれた構造的な関係を改めて分析し、連帯を再構築する必要があるだろう。特に現在、新自由主義的な国際関係のなかで、日本はイスラエルとの軍事・治安・経済協力を加速させている。植民地主義の国際共同体制のもとで形成されてきたパレスチナ問題が、新自由主義の世界のなかで深刻化し、日本社会のパレスチナ人の抑圧への加担は加速していると言える。

こうしたなか、本章で示したパレスチナ人フェミニストの闘争は、新たな連帯を作り直す重要なヒントを示してくれる。日本において、植民地主義の過去や、その延長線上にある現在の社会構造から生まれる自己の特権性と向き合い、オリエンタリスト的な自己認識からの脱却を目指しつつ、パレスチナ人フェミニストの自己表象や闘争にいかに関与できるかを考えることが重要だろう。そしてパレスチナ人の闘争の意味を読み解き、その意味を受け取るうえで生じてしまうズレをも直視しつつ、そのズレといかに交渉するのかを日本社会のなかで議論しながら、パレスチナ人フェミニストが抱く解放のビジョンの共有を目指すことが、より効果的な連帯を構想するうえでの課題となるだろう。

（1）Katsuyuki Murata, "Solidarity Based Not on Sameness: Aspects of the Black-Palestinian Connection," *The Japanese Journal of American Studies* 28 (2017): 25-46.

（2）Kristian Davis Bailey, "Black-Palestinian Solidarity in the Fergason-Gaza Era," *American Quarterly* 67, no. 4 (2015): 1017-1026.

（3）Black for Palestine, "Black Solidarity Statement with Palestine," (2015), http://www.blackforpalestine.com/read-the-statement.html.

（4）Noura Erakat and Marc Lamont Hill, "Black-Palestinian Transnational Solidarity: Renewals, Returns, and Practice," *Journal of Palestine Studies* 48, no. 7 (2019): 7-16.

（5）Kimberle Crenshaw, "Demarginalizing the Intersection of Race and Sex: A Black Feminist Critique of Antidiscrimination Doctrine, Feminist Theory and Antiracist Politics," *University of Chicago Legal Forum* 1989, Issue 1 (1989): 139-167.

（6）Crenshaw, "Demarginalizing the Intersection of Race and Sex," 149.

（7）ＢＤＳ運動は、二〇〇五年七月にパレスチナの一七〇以上の団体の呼びかけで始まった、イスラエルに対するボイコット（Boycott）と資本の引き揚げ（Divestment）、制裁（Sanctions）を求める国際キャンペーン。https://bdsmovement.net/. その後、ソーダストリーム社の工場は入植地からイスラエル領南部ナカブ（ネゲブ）に移転されたが、ナカブでもナクバ以降、多数のパレスチナ人ベドゥイン集落が何度も破壊されており、ベドゥインの集住計画によってイスラエルが土地の収奪を組織的に進めている。

（8）Palestinian Feminist Collective, "Pledge that Palestine is a Feminist Issue," https://actionnetwork.org/petitions/pledge-declaring-palestine-is-a-feminist-issue.

（9）Nadera Shalhoub-Kevorkian, *Militarization and Violence against Women in Conflict Zones in the*

Middle East: A Palestinian Case-Study (Cambridge and New York: Cambridge University Press, 2009), 101.

(10) 岡真理『彼女の「正しい」名前とは何か——第三世界フェミニズムの思想』青土社、二〇〇〇年。

(11) 岡『彼女の「正しい」名前とは何か』、四一頁。

(12) Shalhoub-Kevorkian, *Militarization and Violence against Women in Conflict Zones in the Middle East*, 109.

(13) 岡『彼女の「正しい」名前とは何か』、二九－三一頁。

(14) Shalhoub-Kevorkian, *Militarization and Violence against Women in Conflict Zones in the Middle East*, 31.

(15) エージェンシー（行為主体性）には様々な定義が存在するが、シャルホウブ＝ケヴォーキアンがパレスチナ人女性の生きる文脈において定義するエージェンシーとは、「空間と時間のなかで創造され、そして／または存在する力、動機、活力であり、個人としての女性や集団としての女性が、生活の諸局面において保持し、社会的変化をもたらすために使われるもの」とされる（Shalhoub-Kevorkian, *Militarization and Violence against Women in Conflict Zones in the Middle East*, 50）。

(16) Shalhoub-Kevorkian, *Militarization and Violence against Women in Conflict Zones in the Middle East*, 112.

(17) Shalhoub-Kevorkian, *Militarization and Violence against Women in Conflict Zones in the Middle East*, 120.

(18) Shalhoub-Kevorkian, *Militarization and Violence against Women in Conflict Zones in the Middle East*, 126.

(19) ＳＮＳでは、病院という公共施設内で家族による暴力を止める者がいなかったこと、家族がイスラーの人格否定（イスラーは「取り憑かれている」のだと主張した）を行ったこと、親族の女性への殺害で起訴された男性は減刑されるというパレスチナ社会の法制度面での家父長的構造などに批判が集まった。

(20) 以下のウェビナーでのアスアドの発言。Adala Justice Project, "There is No Free Homeland Without Free Women," March 9, 2020, https://www.facebook.com/adalahjusticeproject/videos/235667887566519.

(21) コロンビア大学パレスチナ研究センターで開催された以下のウェビナーでの発言。"Palestine, IN-BETWEEN' Palestinian Feminist Discourses: Contemporary Views and Emerging Movements," February 11, 2021, http://palestine.mei.columbia.edu/events-spring-2021/palestineinbetweenfeminismpanel?fbclid=IwAR17Z0JtrNIVtpOh-87pZNxSU0uc_qhcOcw7LY-DagO_70deBeDYOnXhO9k.

第2章

パレスチナと資本主義による略奪

「占領のロジスティクス」という視座から

北川眞也

はじめに

イスラエルによるパレスチナの植民地化は、紛れもなく、先住民への継続的な殺戮と投獄、追放、略奪の歴史である。と同時に、パレスチナは、イスラエルとの種々の関係に巻き込まれ、経済的にはある種の「統合」、従属的包摂の時期を歩んできたこともまた事実であろう。一九六七年以来、占領地では、イスラエルの通貨や銀行制度が課されたり、諸外国からの輸入を禁じられたりし、パレスチナはイスラエル製商品が流通する「囚われの市場」として構築された。加えて、一方ではイスラエルが引き続き土地・資源を奪い、他方ではパレスチナ解放を目指す闘争が展開されながらも、パレスチナ人の労働力がイスラエルの建設や農業などの諸部門によって求められた。七〇年代、八〇年代には、ガザ地区やヨルダン川西岸地区から日々、多くのパレスチナ人が、安価な労働力として、イスラエル領内へと通勤していたのである。(1)

しかし、一九九〇年代に入るあたりから、「統合」の状況は一変する。第一次、第二次インティファーダに直面するなかで、イスラエルは「分離」の方向へと舵を切る。例えば、パレスチナ人の労働力を、他国（ルーマニアやブルガリア、トルコ、ポーランド、ナイジェリア、中国など）からの労働力へと置き換えはじめた。そして、西岸地区や東エルサレムなど占領地への違法な入植地建設を通して、土地・資源の略奪は継続しつつも、ガザ地区と西岸地区のパレスチナ人を、イスラエルの人口からは切り離していく。シオニズムが入植型植民地主義（settler colonialism）の一形態であるという議論をふまえれば、「統合」ではなく「分離」という方向は、そもそも入植活動の当初から内在していたとも言える。

とはいえ、この九〇年代以降のいわばオスロ体制下の分離とは、新たな占領の形態にすぎない。イスラエルはパレスチナの人びとを放置するわけではないし、政治的・経済的諸関係からパレスチナを完全に切り離すわけでもない。分離は反対に、かつてよりも洗練された支配の仕組みをなおのこと必要としたのだ。それは、特にパレスチナ人地域とユダヤ人地域とが複雑な地理を描く西岸地区の状況もあり、人や商品、物資の移動・流通への管理をいっそう厳格化し、それらを――その規模や内容、経路、速度――トータルに管理しようとするレジームの形成へとつながった。これが、ここでの一点目の検討課題となる。

こうした分離のただなかで、西岸地区は、かつてより地理的・社会的に断片的なかたちで、新たな展開をみせる資本主義のなかに組み込まれてきたとも考えられる。新自由主義的色合いの濃いオスロ合意以降、パレスチナ人エリートや中間層、国際ＮＧＯが集うラーマッラーでは、周辺の難民キャンプから切り離されたかのような都市開発がなされたり[2]、海外にいたパレスチナ人実業家によって「ラワービー」という、西洋的ライフスタイルを押し出す中産階級向けニュータウンが建設されたりしている[3]。何よりも注目したいのは、分離という名の新たな占領のなかで、パレスチナ人の生から労働の搾取以外の仕方で価値を抽出する、より略奪的、より生政治的な蓄積回路が形成されてきたことだ。これが二点目の検討課題である。

占領下の資本主義における流通・移動の管理、および生からの価値の略奪という二点を検討するときに重要となるのが、「ロジスティクス（logistics）」という視座にほかならない。

ロジスティクスとは

新型コロナウイルスが広がりをみせたとき、サプライチェーンの寸断や危機が叫ばれた。マスクや医薬品、食糧など生活必需品の供給が滞ることが不安視されたのである。ここから明らかとなったのは、ロックダウンや国境閉鎖のために経済活動が停止したというに限らず、今や人びとの生の再生産が、女性が担わされる再生産労働とともに、国境をはるかに越えて広がるサプライチェーンに依拠しているという事実だった。アマゾンやウーバーイーツなどでの注文・配送に顕著なように、消費の領域を通じて、今やサプライチェーンは自宅という私的空間にまで伸びている。だからこそ、国境閉鎖によって領土内の安全を確保するのと同様に、いやそれ以上に、サプライチェーンの国境横断的経路を素早く回復し、その安全を保障することが欲せられたのである[4]。

このような状況の背景には、流通という領域が、資本にとって価値生産的な領域としてみなされてきたという重要な事実がある。ここで鍵を握ったのが――それほど聞き慣れないかもしれないが――ロジスティクスなのである。ロジスティクスとは、生産の後、つまり流通の領域を効率的に組織する経済的合理性のことだとひとまず言える。ここでその系譜を詳述はできない[5]が、一九六〇年代以降、あまり注目されてこなかった流通という領域――ピーター・ドラッカーの言う「経済の暗黒大陸」――が、技術革新をはじめ、資本の利潤追求のフロンティアとして本格的にみなされるようになった。問題は、単に流通のコストを削減するということには限られない。むしろ、流通に関わるコストをトータルに計算——輸送距離の一マイル、倉庫の一インチ、サプライチェーンでの一分一秒の遅れ——し、そのプロセスの全体を効率的かつ弾力的に調整することが目的なのである。いくつもの国をまたいで行われる今日の生産の領域にも、今やこの論理は深く浸透している。多数の国境・境界を横切り、もはや全体の一望が困難なほどに、多数の企業、多数の労働者が関わりながら、グローバルなサプライチェーンは構成されているのだ。

ロジスティクスは、資本に内在する傾向に突き動かされている。つまり、資本の回転期間の短縮を求める傾向である。そのため、商品の移動時間は短縮されねばならない(6)。しかし、国境や陸海の境界など多数の摩擦で満ちた大地においてこのような摩擦なき流通を可能とするには、税関や国境審査、貿易の規則の調整が必要であるのみならず、それらを横断していく輸送・移動インフラ——鉄道や大型貨物船、高速道路、港湾や空港、物流倉庫、パイプラインなど——による空間の生産が必要不可欠となる。

ただし、このような空間の生産には、「摩擦」となるものを粉砕する暴力が伴うことがほとんどだ。接続性を生み出すインフラ建設には、きまって土地の略奪、住民の追放や分断が伴ってきた。インフラが可能とする商品の摩擦なき流通・移動経路によって迂回されたり、素通りされたりする場所も多く生み出されてきた。またコンテナという積み下ろしが不要でそのまま海から陸へと輸送可能な技術、およびインターモーダル輸送が導入された背景には、労働者による港湾での荷役作業をなくし、戦闘的な階級主体を解体するという政治的企てがあった。ロジスティクスとインフラは、中立的ではありえないし、単に経済的なものでもない。それらは常に政治権力によって駆動させられているし、それ自体が政治権力なのである。(7)

ロジスティクスにとって摩擦なき流通・移動が重要というなら、特定の集団・土地に対して、計画的に摩擦だらけの空間を生産するという行為は、政治的支配への道を開くのではないか。ロジスティクスにとって円滑さが重要というなら、商品の流通・移動を遅延させたり妨害したりすること、また人びとをサプライチェーンから切り離すことは、それ自体が政治的支配なのではないか。これが植民地主義と人種主義と絡み合いながら、戦略的かつ計画的に実行に移されているのが、イスラエルによるパレスチナの支配、すなわち「占領のロジスティクス(8)」なのだ。

本章では、以下の問いを立てる。イスラエルによるパレスチナの植民地化と占領には、ロジスティクスという合理性による支配、そしてパレスチナのロジスティクスへの支配があると。その検討を通じて、経済の次元に一見関わると思われるロジスティクスの支配が、軍事的・政治的支配でもあることがみえてくるのではないかと。実際、地理学者のデボラ・コーエンによれば、ロジスティクスとは、兵站としての系譜を有してもいるように、軍事や政治、経済が混ざり合ったり、一体となったりして作用する領域なのである。(9)

占領のロジスティクス(一)——ヨルダン川西岸地区

ここではヨルダン川西岸地区に着目する。(a)では、グローバル資本主義のロジスティクスを研究するカリフォルニアの社会学者ジェイク・アリマホームドーウィルソンとスペンサー・ルイス・ポティカーの研究[10]に主に依拠し、摩擦だらけの流通・移動空間を生産する占領のロジスティクスについて記述する。（b）では、それが労働力の移動、そしてパレスチナ人の生に与える影響を考える。

（a）スローな流通

西岸地区・北部のナブルスというパレスチナの都市は、品質のよい石鹸の産地として知られてきた。かつては大量のナブルス・ソープが、海路（ガザの港から）と陸路で、中東の交易ネットワークを経由して世界各地へと輸出されていた。現在はどうか。ナブルスからイスラエルの主要港アシュドット港までの距離は、一七〇キロほどである。けれども、このナブルス－アシュドット港の陸上輸送には、アシュドット港－中国のおよそ八〇〇〇キロをコンテナ船が移動するよりも多くの時間がかかるのだという。

イスラエルは、米国と並んで、グローバルなサプライチェーンの安全保障を先導する存在である。世界経済フォーラムの「世界競争力レポート二〇一六－二〇一七」によれば、鉄道インフラ、道路インフラ、定期船の接続性、海港インフラの質などの評価において、イスラエルは世界二四位だった。一方、パレスチナは上位一三八カ国のランク外に位置した。

実際、パレスチナには、生産物を国外へと輸送するにもインフラがない。海上輸送用の港も、空港もない。なぜなら、イスラエル軍が、オスロ合意のもとで認められたはずの、パレスチナの流通の鍵となるインフラを標的としてきたからである。イスラエル軍は二〇〇一年に、ガザのヤーセル・アラファト国際空港の管制塔を爆撃し、ブルドーザーで滑走路を破壊した。また、ガザの商業港建設現場は、建築資材の搬入を妨害され、最終的には爆撃された。結果、パレスチナがおのれを世界の各地と接続するには、陸上輸送しかありえない。鉄道のないパレスチナでは、陸路での中心的な輸送手段はトラックとなる。これが意味するのは、西岸地区とヨルダンとの境界であるキングフセイン橋（アレンビー橋とも呼ばれる）——やや古いが、二〇一〇年のパレスチナ中央統計局のデータによると、ここを経由するのは、パレスチナの貿易のわずか三・六%だった[11]——を除けば、基本的にはいっさいの輸出入がイスラエル領内の港や道路を経由せねばならないということである。パレスチナのイスラエル以外の国々との貿易のうち、七〇%がイスラエルのアシュドット港とハイファ港を経由する。

パレスチナのトラック輸送は、コンテナ輸送に代表されるインターモーダル輸送とはほど遠い、「バック・ツー・バックシステム（back-to-back system）」と呼ばれるものである。パレスチナ人の運転手は——個人事業主であるか、零細企業に勤務していることが多い——イスラエル領内へと物資を輸送する際には、国境検問所——ターミナルと呼ばれる——ですべての積み荷を下ろさなければならない。国境検問所の数は、イスラエル側が管理をしやすくするためそれほど多くはない。それらは、西岸地区に入り込んだ分離壁とグリーンラインとの間の「シームゾーン」——まさしく「摩擦地帯」——にいくつか設定されている[12]。そこではまず、パレスチナ人のトラック運転手が入口で氏名を登録する。次に、国境の反対側にイスラエル側の運転手が用意されるのを待つ。一台のトラックで検問所の通過はできない。それから、積み荷がイスラエル側での積み込みのため、パレスチナ人運転手のトラックから担当の労働者によって積み下ろされる。パレスチナとイスラエルの運転手が互いに顔を合わせることはない。そして、税関による積み荷の検査が行われる。これらの一つひとつが長い待ち時間を必要とする――生鮮食品の輸送は容易ではない。そもそも、パレスチナ人の運転手は、国境検問所の長い列に並ばねばならない。そして運転手たちもまた、警察や軍隊からの厳しい身体検査を受ける。その一方で、西岸地区内のユダヤ人入植地からのトラックは、別のレーンをあっさりと通過していく(13)。

こうして輸送が一時間、二時間と遅れていくと、その後の予定は意味をなさなくなり、かれらの収入が半分になることもあるという。西岸地区を訪問したカナダ最大の労働組合Uniforの代表者は、国境検問所で要する時間を目の当たりにして驚きを隠せなかったようだ。場当たり的で、待ち時間は一時間や二時間、八時間でもありえるし、さらには明日になることすらある、と。

また、税関検査のために、物資を積むパレットのサイズは決められている。その高さも最大一・六メートルまでとされる。それゆえ、一台のトラックに積める商品の量・種類が制限されるため、用意するトラックの台数が増え、コストがかさむ。検査後、積み荷が十分に梱包されていなかったり、商品が破損していたりすることもある。けれども、検問所も港も、物品破損の責任を負わないために、パレスチナの運送業者は、積み荷に出発地から目的地まで保険をかけることを強いられる。

港に外国市場へ輸出するパレスチナ製商品が到着すると、イスラエルの税関は追加の費用を徴収する。オリーブオイルの場合なら、トラック一台分の積み下ろしで一一〇〇シェケル（約四万六五〇〇円）、法律外のセキュリティ料が五〇〇シェケル（約二万一一〇〇円）、保管料九〇シェケル（約三八〇〇円）とのことである。また、パレスチナがイスラエル以外の国から輸入するとなれば、税関検査の遅延でコンテナのリース期間が伸びるなど、追加のコストが発生していく。こうした遅延、追加費用、制限などのため、パレスチナは、引き続き、イスラエルによる「囚われの市場」とならざるをえない。イスラエル製商品の輸入（領内からもユダヤ人入植地からも）のほうが円滑であり、検問所などに直面する西岸地区の他のパレスチナ人地域からの「輸入」より容易であることも多い。二〇一二年までに、イスラエル製商品はパレスチナの全輸入品の七〇%を占めていたとのことである[14]。

パレスチナに出入りする商品からの関税、付加価値税、手数料などは、オスロ体制下のパリ議定書（一九九四年）を通じて、継続する一方的な関税同盟のもとでイスラエルが徴収する。その後に、パレスチナ自治政府に送金されるという仕組みである。これは自治政府の歳入のおよそ三分の二を占めるが、ことあるごとに（パレスチナの国際刑事裁判所への加盟など）、イスラエルはその送金を停止することもできるのである[15]。

占領のロジスティクスによって、パレスチナは世界市場のなかで孤立させられながら、イスラエルのさらなる略奪が行われる場所となっている。

（b）労働力の移動をとりまく不確実性

遅延によるトラック運転手の労働時間やストレスの増加が示唆するように、占領のロジスティクスは、当然、消費財としての商品のみならず、労働力商品に対しても多大な影響を与える。

パレスチナ人労働者が他地域からの労働者に置き換えられてきたとはいえ、イスラエルで労働するパレスチナ人は今も数多くいる。二〇一七年第一四半期には、一四万人ほどがイスラエル領内で、二万四〇〇〇人ほどが入植地で雇用されていた。さらに、許可証のない労働者もいる[16]。安価な労働力として、建設――道路、住宅、分離壁、さらには入植地の建設にまで――をはじめとする諸部門で雇用、搾取されている[17]。ただし、一日八時間の労働許可証を手に入れたかれら[18]が職場に行くには、検問所を越えなければならない。

例えば、こうした男性労働者は、夜中に起きて家を出る。検問所が混雑するからである。ある女性は言う。「夫は午前二時に起床し、午前三時に家を出て検問所に向かいます。三時一五分か三〇分頃に着くと、検問所はすでにとんでもないことになっています。人びとは重なり合っています。労働者たちは押し合っています。本当に混雑している[19]」。混雑ゆえに、また長時間にわたりこの列に並び続けねばならないゆえに――「朝三時に家を出て、六時までに通れるかどうか[20]」――、そして仕事に間に合うよう誰もが早く通り抜けたいがために、検問所はパレスチナ人の間に緊張を生み、怒号が飛び交い、喧嘩が始まることも頻繁だという。

この長蛇の列に限らず、身元確認や尋問、荷物検査などで時間がかかることも当然ある。兵士は簡単に列の後ろへ並び直させたり、別室で何時間も勾留したり、さらには通行を許可しなかったりする。検問所は、移動のペースを操り、労働者たちの身体を支配する。検問所での長時間拘束は、実質的に労働時間の延長を意味しており、この支払われることのない「労働」によって、パレスチナ人の身体と精神から活力が奪われていくのだ。男性労働者は、帰宅しても疲れ切っていることがほとんどであろう。そしてまたすぐに翌日の通勤、労働が始まる。

検問所は、疲弊する労働者の間に常に不安の感情を生成させる。遅刻したら、欠勤したら、給料が減ってしまう、職を失ってしまうのではないかと。検問所で並んでいる男性たちは、時計や携帯電話の時間を頻繁に確認し、今自分がいる場所の先で何が起こっているかを知るために前方を見てしまうという。「これらの動きは、不安げな身体の動きであり、待つということの身体化された特質なのである[21]」。

検問所がパレスチナ人に課すのは遅延には還元されない。その根底にあるのは、不確実性、あるいは場当たり性と言うべきだろう。検問所でどれくらいの時間がかかるのかは予想できない。日によっても変わる。普段より詳しく取り調べられたり、何時間も拘束されたり、その日は拒否されたりしても、それがなぜなのかもわからない。暗黙のルールを破ったからなのか、兵士の機嫌が悪かったからなのか、それとも他の理由なのかわかりようがない。

「一日の移動のなかで、どれだけの数の検問所と路上のバリケードに遭遇するか知る由もない。これらが開いているのか、閉まっているのか、どのようなその日の命令と規制があるのかは知る由もない。兵士あるいは民間の労働者がどのように振る舞うかは知る由もない。かれらは効率的な仕方でも、わざとゆっくりした仕方でも検問所を管理できる。かれらは威嚇的で侮辱的でもいられるし、丁寧で礼儀正しくもいられる。これがまさに問題なのだ。それは不確実性である。ある日は、パレスチナの二都市間の道のりは素早く簡単でありうる。また別の日は、ゆっくりでいらいらさせるものでありうる。またさらに別の日には、拘禁され殴りつけられうる[22]」。

数々の検問所で毎日、毎分、毎秒繰り返される待機による時間の支配は、その限られた空間をはるかに越えて、パレスチナ人家族の労働時間と生活時間といった日常の時間を破壊する。さらには、現在から未来へとつながる時間の流れを中断することで、パレスチナ人という民族の生を、無期限の現在、無期限の待機、果てしない待ち時間という宙ぶらりんな状態に封じ込めようとするのだ[23]。「検問所は、パレスチナの人びとの心のなかにいつもある[24]」。

強調しておけば、特に西岸地区では、検問所のみならず、流通・移動をめぐるいっさいのインフラが、同様の役割を担っている。西岸地区の地理は、オスロⅡの行政面・軍事面の権限を基準にしたA、B、Cの三つのエリア区分からも示唆されるが、数多のパレスチナ人居住地と数多のユダヤ人入植地が、まだら模様となって入り乱れつつも分離されるという状態にある。このような状況でイスラエルが建設する道路インフラというのは、パレスチナ人の地域を迂回しながら、入植地間、そして入植地とイスラエル領内をスムーズかつ迅速に接続するためのものとなる。同時に、この道路インフラは、まるで境界のように作用し、パレスチナ人の居住地と社会関係を切り刻んできた。かれらは移動するとなれば、多くの道路の使用が禁じられているため、脇道へと追いやられ、長い遠回りを強いられる。加えて、許可証システムや分離壁、道路封鎖、そして予測不可能な神出鬼没のそれも含めて、数多の検問所が存在する[25]。

やや古いが二〇〇三年に建築家のアレッサンドロ・ペッティが、異なるとはいえ、同じ緯度、同じ距離（六〇マイル＝約九六・五キロ）にある西岸地区のパレスチナの二都市間（ヘブロンからナブルス）とユダヤ人入植地間（キリアト・アルバからケドゥミム）の移動に、それぞれどれくらいの時間がかかるのか検証した。後者は一台のタクシーでわずか一時間五分だった。前者は、繰り返し検問所や道路封鎖に直面し、迂回したり電話で情報を集めたりしながら、複数台の乗り合いタクシーと一台のバスを乗り継いで、五時間二〇分を要した(26)。

違法な入植を行った四〇万人以上が占領地で移動の自由を謳歌し、およそ三〇〇万人のパレスチナ人は入植地によって分断され、孤立する飛び地へと閉じ込められる(27)。

占領のロジスティクス（二）――ガザ地区

生の再生産が、サプライチェーンへの接続に、否が応でも依拠しているのであれば、それに接続されない人びとの生の再生産は著しく不安定となりうる。このような反転したロジスティクスが、計画的、人種主義的に実行され、極めて明確に表れている場所がある。ガザ地区である。（a）では、ガザへのこのようなロジスティクスの働きを検討し、（b）では、そこで生み出される「廃棄可能」な生からの価値の略奪について述べる。

（a）　統治権力としてのロジスティクス

二〇〇五年八月にイスラエルはガザ地区から「撤退」した。けれども、これは新たな形態の占領の始まりだった。徐々に人・モノの流通・移動に制限がかけられたが、二〇〇六年のハマース政権誕生を理由に、ガザ地区は二〇〇七年から現在に至るまで、陸、海、空、さらには地下からの封鎖状態に置かれている。ガザの人びとはもう安価な労働力としてもおよそ必要ではないと。これはやはり包摂ではなく、分離、切り離しなのだろう。約二〇〇万の住民が、三六〇平方キロの限られた空間に閉じ込められているのである。

こうしたガザの状況を表すために、「収容所」といった言葉も用いられてきた。この言葉は、ガザ――ナクバ以来、すでに複数の難民キャンプが存在している――がとりわけ、ジョルジョ・アガンベンの言うあらゆる法権利が宙吊りとなる例外空間と同様の場所であることを示唆している[28]。しかし、エヤル・ヴァイツマンらとともに法医学建築（Forensic Architecture）プロジェクトに取り組む建築家のフランチェスコ・セブレゴンディによれば、ガザ封鎖の目的は、イスラエルから完全に切り離された密閉空間を生産することではない[29]。法権利なき例外空間を構築するだけでもない。封鎖を実行する合理性は、ほかならぬロジスティクスの領域にあるという[30]。

「封鎖によってイスラエル当局は、ガザに出入りするすべての物と人を監視し、経路づけ、流通を調整する能力を手に入れた。封鎖は、単にすべての移動を排除するのではなく、ガザの重要な流通システムへの集中的な指揮を可能にした。外交的・政治的・法的プロセスが無期限に停止されているため、事実上、ロジスティクスが統治の様式となっている[31]」。

封鎖によって食糧、医薬品、建築資材など、あらゆる物資の供給を遮断することで、イスラエルはガザからの政治的降伏を得たいわけではないし、ガザを大量餓死の空間――その危険は常にあるが――とする権力が全面的に作用しているというわけでもないだろう。実際、ガザにはほぼ毎日、物資の出入り、人の出入りがあるという。ガザの国境通過を監督するイスラエル占領地政府活動調整官組織（ＣＯＧＡＴ）が、ガザ地区に運搬された物資の内容、つまりトラックの台数、物資の総量、救急車の数などを頻繁にツイッター上で報告していた。

イスラエルはこうして、ガザをめぐる流通のいっさいを完全に制御し把握しようとしている。そのため、ガザ地区にはたった二つの出入り口しかない。北部のエレツ検問所と、南部のケレム・シャロム検問所である[32]。物資の出入りに対応しているのは、後者のみとなった。ケレム・シャロム検問所には、オランダ政府から寄贈された、ＭＢ１２１５ＤＥというハイテクのコンテナスキャナーがある。このスキャナーは、ロジスティクス資本主義の主要な港湾であるドバイや台北、ロッテルダムなどにも設置されているものである。ガザ地区の場合、その処理能力と比べれば、圧倒的にわずかな物資の出入りしかないが、物資の流通・移動を詳細に管理し、把握するという点において、「イスラエルは封鎖の行政管理を通して、世界的な物流管理の最新の原則を厳格に実施しているのである[33]」。なぜなら、ロジスティクスとは、「サプライチェーンの絶え間なく変化する需要やオペレーションの状況に素早く合わせて、配送能力を柔軟に拡大・縮小すること」だからだ[34]。ロジスティクスは加速のみならず、必要とあれば、減速して、速度や経路、商品の量や種類などを弾力的かつ最適に調整する技法でもある。とするなら、ガザ封鎖とは、資本主義的ロジスティクスの単純に裏面というわけではない。労働力としても不要とされ、人道援助に依拠せざるをえないとしても、ガザは切り離されたのではなく、ロジスティクスを通じて資本主義的合理性のなかに適宜、包摂される。「「伸縮自在のロジスティクス」とは本来、事業者が摩擦にさらされる機会を減らすことで、商業的利益を最適化するために考案されたものである。ガザでは、イスラエルの治安当局が、敵と認識されている地域への供給を最小限に抑え、敵の抵抗の意志を焚きつけぬ手段として、この原則を適用している[35]」。

ここに、ガザに対する占領のロジスティクスの狙いがある。それは経済的、軍事的、そして生政治的なものだ。つまり、ガザ住民の抵抗や反乱の意志を粉砕するために、「ガザの人口全体を物理的生存の最低限度に近いところに置いたままにする」[36]のである。実際、二〇〇八年からイスラエル国防省は、イスラエル保健省の分析に基づいて、ガザのパレスチナ人を餓死させたり、栄養失調を強いたりせずに、最低限の生の水準に置くには、どれくらいのカロリーが必要となるのかを計算していた。「人道的最小値」として、一日平均大人二二七九カロリーとされ、それがガザへの入場を許可されるトラックの数——週五日間、一〇六台のトラック、うち七七台は食糧——へと翻訳されるというわけである。だが実際には、このレッドラインを下回る物資の輸送しか許可されてこなかったという[37]。民間の産業が九〇%破壊されてきた「反開発」下のガザでは、八〇〜九〇%の住民の生が外部からの援助に依拠することで維持されている状況である[38]。

降伏と即刻の大量餓死とが目的ではなく、現代的なロジスティクスの論理と技術がイスラエルによるガザ封鎖の根幹にあるのだとすれば、「人道的最小値」の物資の不安定な供給＝剥奪——食料や電気、水、燃料、建築資材、医療、下水処理、さらには固定電話、携帯電話、インターネットなど——を延長し、ただ大量の飢餓、起こりうる抵抗を無期限に先送りするという状況が続く[39]。この無期限化するロジスティクスによるガザの支配のなかから、ある独自の生権力が発現しているように思われる。それは当然、労働力として生産的に生かす権力ではありえないが、即刻の殺害を目的とした権力というだけでもない。これは、生を肉体的かつ精神的に不安定化させ、衰弱させる権力だ。生かさず殺さず、生殺しの状態に置き続ける。精神的・肉体的活力を減退させる[40]。無論、これは人種主義的、植民地主義的な権力でもある。

(b)「処分可能な身体」からの略奪

繰り返されるガザ爆撃。この報道がなされるとき、第一にその死者の数が伝えられるのは当然のことだろう。しかし、軍事攻撃が行われるときには、いつも負傷者がいる。死者以上の負傷者がいることがほとんどだ。負傷者とは、戦争の「副次的被害」なのだろうか。そうではない。むしろガザでは、先ほど言及した生を不安定化させる生権力が、もっとも極端な形態で行使されていると言える。それは、米国のクィア理論家・パレスチナ研究者ジャスビル・プアが言う、意図的に障碍を負わせる権力のことである[41]。

プアによれば、イスラエルの戦略として、この権力が特に顕著に発現したのが、「帰還大行進」の参加者への狙撃である。二〇一八年三月三〇日以来、ガザの人びとは主に毎週金曜日に、ガザを囲むフェンスや検問所、境界に接近しようと集まって、おのれの土地を取り戻し、パレスチナ難民の帰還を求める大規模な抗議行動を行ってきた。最初の一年間だけで、数万人が負傷させられたが、うち七〇〇〇人以上は下肢部の負傷であるという。負傷の深刻さに加えて、最低限の医療用品・施設の欠如、また西岸地区の医療施設への輸送拒否という妨害のため、高い切断率が指摘されている。すでに第一次インティファーダの頃から、意図的に負傷させるような攻撃はなされてきたが——当時のイツハク・ラビン国防相が石を投げるパレスチナの子どもたちの腕を折るよう指令を下していた——、障碍が残るほどまで負傷させる攻撃は、狙撃手によって技術的に洗練されたものとなっている[42]。イスラエルの攻撃は、催涙弾やゴム弾でデモ隊を追い散らすというより、膝や大腿、急所の狙撃へとシフトしてきた。ガザでは、対人攻撃用のフレシェット弾が用いられている。また未来のあらゆる抵抗を未然に防ぐという目的で、若者や子どもを標的とし、心理的・認知的損傷をも負わせようとしている。[43] こうした攻撃は、個人に一生涯にわたる障碍を課すものであるが、同時に、パレスチナの社会・環境全体を衰弱した状態に置き続けようとするものでもある。

けれども、労働力としてよりも、このようにまるで「廃棄物」とされた身体から経済的価値を抽出する状況が、ガザには存在している。この仕組みには種々の主体——イスラエルをはじめ、周辺諸国、米国、NGO、民間企業——が関与しているようだが、もっとも明らかなのは、ガザの管理と爆撃に用いられる技術を提供する民間企業だろう。例えば、二〇一四年夏のガザ攻撃時に新たなハイテク・ドローンを提供したイスラエルのエルビット社の利益は、一ヶ月だけで六・一%増大している[44]し、こうした攻撃は国際市場向けの宣伝にさえなっている。[45] また「破壊」のみならず、その後の「再建」や「復興」でも事態は同様である。一例を挙げれば、二〇一四年の爆撃後、国連が支持する枠組みのもと、ネシェル社——セメント市場でイスラエル国内では八五%のシェアを誇り、西岸地区の入植地や分離壁などにも物資を提供していると言われる——は、「再建」用資材を供給することで、巨大な利益を享受していることが指摘されている。すでに述べた通り、ガザへの物資の流入は、イスラエルの占領のロジスティクスに依拠しているため、復興の建築資材もイスラエルから調達され、それが経済的利益へとつながりうる状況がある。他国からの輸入となれば、アシュドット港のような、ガザの国境検問所のはるか手前で、長期間留め置かれることにもなる。[46]

こうした蓄積の方法は、労働の搾取というより、略奪的な、まさしく植民地主義的なものである。[47] ガザの人びとは、労働力として不要とされたことで、単純に資本主義的諸関係からの分離を経験しているわけではない。「処分可能な身体」から価値を抽出する略奪的手法によって、その身体は、資本主義的回路に接続される。これは、米国で黒人解放闘争を担い、パレスチナの状況にも積極的に発言するアンジェラ・デイヴィスの言うグローバルな「産獄複合体」(48)を思い出させる。黒人は増え続ける監獄を満たすために必要とされ、それによって利益が生み出されるように、ガザのパレスチナ人は、その「監獄」的状況と「復興」のために必要とされる。プアにならって別言するなら、日常的な「監獄資本主義」と、爆撃と再建による「災害資本主義」とに包摂されることで(49)、かれらは直接の死というよりも障碍と衰弱、そして「人道的最小値」を生きさせられるのだ。あるいは、パレスチナ人の死なないという不屈の意志、生き延びるという欲望が、植民地化と占領を通して経済的に略奪されているとすら言えるのかもしれない。

対抗ロジスティクス——パレスチナとその彼方

占領のロジスティクスは、パレスチナを資本主義の網目に捉えるとともに、イスラエルの経済的、軍事的、生政治的支配を強化する。しかし、このロジスティクスがいつも円滑かつ安全に機能できるというわけではない。世界の他の土地と同様に、「対抗ロジスティクス（counter-logistics）」という実践が、パレスチナでも行われている。対抗ロジスティクスとは、既存の流通・移動の回路を妨害したり、遮断したりすることでもあれば、別種の自律的な流通・移動の回路を創出することでもある。第一次インティファーダ以後、イスラエル国内でパレスチナ人の労働力としての重要性が大きく低下

──当然、ストライキがもはや重要ではないということではない──し、「分離」による占領、略奪による蓄積が行われてきたとすれば、パレスチナ側の闘争の形態もまた変化を迫られる。そこにおいて、ロジスティクスが闘争の鍵となる場の一つとして浮上してくるのだ。ロジスティクスとは支配のみならず、抵抗と反乱の領域なのである。

（a）無数の地下トンネル

ガザからエジプト、イスラエルへと、数百本、ないしは一〇〇〇本以上とも言われる地下トンネルが伸びていた。ガザ－エジプト間のトンネルは、一九八〇年代から存在していた。しかし、イスラエルの撤退と封鎖以来、それは対抗的かつ自律的なインフラとしての意味を強く持ちはじめる。トンネルが整備されるにつれ、そこを経由する物資が一挙に増大したのだ。トンネル経由の物資は、一九九七年のガザの輸入全体の一％だったが、二〇一〇年には六八％を占めるに至る[50]。この地下のサプライチェーンは、イスラエルが封鎖前に行っていた管理に比べ、手続きが迅速で、ややこしい税関手続きもなく、需要に応じて対応できるようにもなっていった。二〇〇八年の爆撃後には、イスラエルによる輸入の妨害と遅延をふまえれば、予想を超える速度で「再建」が行われたが、それは建築資材がエジプトからトンネルを通って大量に輸入されたからだと推察される[51]。

とはいえ、封鎖されている以上、このインフラの機能については多くの困難や限界もある。トンネル建設の労働は、失業中の多くの若者の雇用先となり、比較的高い賃金が支払われていたとはいえ、その環境──六人の労働者が一二時間のシフトで交代し、二四時間で一〇～一五メートルほど掘っていた――は危険なものであり、死者も出ている。児童労働の問題も指摘されていた[52]。ハマースによる建設資金の集め方や関税の徴収・利用をめぐる問題も指摘されていた。だが何より、イスラエルとエジプトが、トンネルを常に探知しては破壊を繰り返してきたという事実がある。二〇一四年夏のガザ攻撃の途中、イスラエルは、領内にまで伸びるトンネルの破壊へと急遽作戦を変更し、地上戦にまで踏み切った。それはこの地下トンネルが不可視であるから、つまり衛星やドローン、ヘリコプターからは簡単には捉えられないからにほかならない。いっさいの流通・移動を統括する占領のロジスティクスからすれば、この不可視たる地下トンネルは深刻な脅威とみなされるのである[53]。

いずれにせよ、他の土地との接続を生み出す地下トンネルは、イスラエルを経由せずに物資の出入りが可能であるという点で、ガザの住民の生を再生産する自律的なインフラであったことは確かだろう。

（b）港湾からの国境横断的闘争

ロジスティクスにとって鍵となる港湾とは、世界のあちこちで労働者の戦闘性が激しく表現されてきた歴史的な舞台である。ただし、例えば二〇一一年の米国での「オークランドを占拠せよ(Occupy Oakland)」という運動に象徴されるように、現在でもなお各地の港湾は資本主義の流通にとってのチョークポイント(choke point)、つまり難所であり続けている。世界貿易の九〇％以上が海上経由で行われていることをふまえれば、港湾を封鎖する行動が、対抗ロジスティクスのそれであることがみえてくる。

二〇一四年八月、米国西海岸のオークランド港では、「船をせきとめろ（Block the Boat）」という行動が組織された。二〇〇〇〜三〇〇〇人が参加したこの運動は、イスラエル最大の海運会社であるジム社の貨物船からの荷揚げを阻止する試みだった。活動家たちからの要請に応え、この港の労働者が加盟する国際港湾倉庫労働組合（ＩＬＷＵ）第一〇支部も、パレスチナへの連帯を示し、荷揚げを拒否した。ジム社の貨物船は、四日間着岸できず、一つのコンテナも降ろすことなく、引き返すこととなった。その後、この動きは、ロングビーチ港、シアトル港、タコマ港など、西海岸の他の港へも広がり、流通の遅延によって企業に経済的損失を与えた[54]。

強調すべきは、アリマホームド－ウィルソンとポティィカーが述べるように、こうした米国西海岸での荷揚げ拒否が、二〇一一年にパレスチナの数々の労働運動――物流・運輸関連も含む――が連携して結成した、「ＢＤＳのためのパレスチナ労働組合連合（ＰＴＵＣ－ＢＤＳ）」の呼びかけに共鳴するものだったことである。ＢＤＳ（ボイコット、投資撤収、制裁）運動は、南アフリカに対する国際的な反アパルトヘイト運動をモデルとする[55]。それは国際法に違反するイスラエル関連の商品を拒否する活動を展開しているため、当然、商品の流通の領域が重要な介入の場となってくる。ＢＤＳ運動の世界的展開を支持するＰＴＵＣ－ＢＤＳは、結成以来、世界各地の港湾労働者に、世界第一〇位のコンテナ輸送会社であるジム社をボイコットするよう訴えてきたのである[56]。

オークランド港では、その後も七年連続（二〇二一年時点）でジム社の貨物船の拒否が行われている。すでに二〇一〇年にも、そこでは同様の行動がなされていた。ちなみに、オークランドのＩＬＷＵ第一〇支部は、一九八四年にアパルトヘイトを採用する南アフリカからの貨物の荷揚げを拒否したことで知られる。組合員たちは全会一致で南アフリカのボイコットを決断し、一一日間の抗議行動に踏み切ったのだった。一九九〇年にはネルソン・マンデラが、反アパルトヘイト運動の「前線」の一つを担ったとしてオークランドを訪問し、感謝の意を示している[57]。そして重要なことに、その南アフリカのダーバンでも、港湾労働者たちによるパレスチナへの連帯行動として、二〇二一年にはジム社の貨物船からの荷揚げを拒否する闘争が行われたのだった[58]。

グローバルなサプライチェーンが地球を覆うにつれて、海と陸の境界たる港湾のようなチョークポイントで、流通を遮断する闘争が多数多様化している。特定の場所で発火すれば、それが海を隔てた彼方の地まで飛び火するようになっているのだ。しかも、対抗ロジスティクスは、象徴的水準での連帯というだけでなく、近代を貫く人種資本主義のオペレーションに経済的かつ物質的な打撃を与える連帯なのである。パレスチナの闘争も例外ではない。その闘争は、ますますパレスチナ／イスラエルというスケールを超えて、各地の様々な抵抗と交差しながら展開されつつあるという点で、分散的であるとともに地球規模でもある闘争のかたちを垣間見せている[59]。

おわりに

本章では、ロジスティクスというレンズを導入することで、イスラエルによるパレスチナの支配が、今日の資本主義的略奪の一形態であることを述べてきた。加えて、占領のロジスティクスが独自の経済的支配を生み出すにとどまらず、軍事的、政治的、そして生政治的な支配の形態でもあることに言及した。その上で、パレスチナの対抗ロジスティクスについても取り上げた。

最後に、パレスチナの人びとが、歴史的に対抗ロジスティクスの主体だったことを付言しておきたい。気候変動の理論家・活動家であるアンドレアス・マルムは、著書『パイプライン爆破法』のなかで以下のように記している。

「パイプラインに対するサボタージュのパイオニアといえばパレスチナ抵抗運動だ。第一次世界大戦後、欧米の石油会社はペルシャ湾で発見された油田に殺到した。イギリス委任統治領パレスチナの中核的な産業プロジェクトはパイプライン建設になったのだ。その経路は〔現イラクの〕キルクークからヨルダンの砂漠を横断してヨルダン川西岸北部とガリラヤへ、そしてイラクの石油を世界市場に送り出すハイファの製油所へとまっすぐに伸びていた。一九三六年にパレスチナ人がゼネストに蜂起したとき――当時における最高の反植民地蜂起である――、行動の大半はパイプラインを軸として展開された。ストライキが始まって二カ月後、反乱する人びとはパイプラインを初めて爆破した。三年に及ぶ反乱が頂点に達した時期には、毎晩のようにパイプラインが破壊されていた。火を放ったり、近距離射撃で穴を空けたりしたほか、地中埋設区間では、五－六人のグループが地面を掘って露出させたパイプを壊すと、石に巻きつけた布に火をつけて投げ込んだのだ。何度なく管を閉じることを余儀なくされたことで、英国人入植者たちは主要な収入源とエネルギー源とを奪われた」[60]。

そしてマルムは、パレスチナ解放人民戦線（ＰＦＬＰ）の文筆家ガッサーン・カナファーニーの文章を引きながら、こうして「「パレスチナのアラブ農民たちがこのパイプラインを呼ぶ「パイプ」という言葉が民衆の英雄的行為を称揚する民間伝承に記された」のである」[61]と締めくくる。

対抗ロジスティクスは、闘争の火種を燃やし続ける。それは、パレスチナの地に宿る記憶から現在を急襲すると同時に、海を隔てる遠方の土地、パレスチナの彼方の土地との結びつきを増殖させる潜勢力を有している。

（1）Tariq Dana, "Dominate and Pacify: Contextualizing the Political Economy of the Occupied Palestinian Territories Since 1967," Alaa Tartir, Tariq Dana, and Timothy Seidel, eds., *Political Economy of Palestine: Critical, Interdisciplinary, and Decolonial Perspectives* (London: Palgrave Macmillan, 2021), 25-47; Sahar Taghdisi-Rad, "The Economic Strategies of Occupation: Confining Development and Buying-off Peace," Mandy Turner and Omar Shweiki, eds., *Decolonizing Palestinian Political Economy: De-development and Beyond* (London: Palgrave Macmillan, 2014), 13-31.

（2）Lisa Taraki, "Enclave Micropolis: The Paradoxical Case of Ramallah/al-Bireh," *Journal of Palestine Studies* 37, no. 4 (2008): 6-20.

（3）Kareem Rabie, *Palestine Is Throwing a Party and the Whole World Is Invited* (Durham, NC: Duke University Press, 2021).

（4）Deborah Cowen, *The Deadly Life of Logistics: Mapping Violence in Global Trade* (Minneapolis: University of Minnesota Press, 2014).

（5）日本語での詳細は、北川眞也・原口剛「ロジスティクスによる空間の生産――インフラストラクチャー、労働、対抗ロジスティクス」『思想』一一六二号、岩波書店、二〇二一年、七八－九九頁。

（6）カール・マルクス著、資本論草稿集翻訳委員会訳『資本論草稿集（二）――一八五七―五八年の経済学草稿第二分冊』大月書店、一九九三年。

（７）不可視委員会著、ＨＡＰＡＸ訳『われわれの友へ』夜光社、二〇一六年。

（８）Jake Alimahomed-Wilson and Spencer Louis Potiker, "The Logistics of Occupation: Israel's Colonial Suppression of Palestine's Goods Movement Infrastructure," *Journal of Labor and Society* 20, no. 4 (2017) : 427-447.

（９）Cowen, *The Deadly Life of Logistics*.

（10）Alimahomed-Wilson and Potiker, "The Logistics of Occupation: Israel's Colonial Suppression of Palestine's Goods Movement Infrastructure"; Jake Alimahomed-Wilson and Spencer Louis Potiker, "Decolonizing Logistics: Palestinian Truckers on the Occupied Supply Chain," Jake Alimahomed-Wilson and Immanuel Ness, eds., *Choke Points: Logistics Workers Disrupting the Global Supply Chain* (London: Pluto Press, 2018), 110-126.

（11）Mustasim Elagraa, Randa Jamal, and Mahmoud Elkhafifin, "Trade Facilitation in the Occupied Palestinian Territory: Restrictions and Limitations," *UNCTAD* (2014), https://unctad.org/system/files/official-document/gdsapp2014d1_en.pdf.

（12）変動はあろうが、以下の研究では六つの国境検問所が記されている。Basel Natsheh and Cédric Parizot, "From Chocolate Bars to Motor Cars: Separation and Goods Trafficking between Israel and the West Bank (2007-2010)," Stéphanie Latte Abdallah and Cédric Parizot, eds., *Israelis and Palestinians in the Shadows of the Wall: Spaces of Separation and Occupation* (London and New York: Ashgate, 2015), 109-127.

（13）Yaakov Garb, "Porosity, Fragmentation, and Ignorance: Insights from a Study of Freight Traffic," Stéphanie Latte Abdallah and Cédric Parizot, eds., *Israelis and Palestinians in the Shadows of the Wall: Spaces of Separation and Occupation* (London and New York: Ashgate, 2015), 89-107.

（14）パレスチナとイスラエルの間のインフォーマルな商品流通については Natsheh and Parizot, “From Chocolate Bars to Motor Cars”.
（15）Dana, “Dominate and Pacify: Contextualizing the Political Economy of the Occupied Palestinian Territories Since 1967”.
（16）Andrew Ross, *Stone Men: The Palestinians who Built Israel* (London and New York: Verso, 2019), 4-5. イスラエルで「不法就労」するパレスチナ人労働者については Matthew Vickery, *Employing the Enemy: The Story of Palestinian Labourers on Israeli Settlements* (London: Zed Books, 2017).
（17）アンドリュー・ロスは、パレスチナ人労働者たちがイスラエルの近代的インフラを建設する際に極めて重要な役割を果たしてきたことを強調している。Ross, *Stone Men*, 5.
（18）許可が出ないことも多い。労働組合活動への関与、イスラエル企業から解雇された経歴、逮捕や獄中経験、三〇歳未満または五〇歳以上の年齢、未婚や子どもがいないなどといった理由とされる。Mark Griffiths and Jemima Repo, “Women's Lives Beyond the Checkpoint in Palestine,” *Antipode* 52, no. 4 (2020): 1107.
（19）Griffiths and Repo, “Women's Lives Beyond the Checkpoint in Palestine,” 1108.
（20）Griffiths and Repo, “Women's Lives Beyond the Checkpoint in Palestine,” 1108.
（21）Mark Griffiths and Jemima Repo, “Biopolitics and Checkpoint 300 in Occupied Palestine: Bodies, Affect, Discipline,” *Political Geography* 65, (2018): 22.
（22）Ariel Handel, “What Are We Talking about when We Talk about ‘Geographies of Occupation’?,” Stéphanie Latte Abdallah and Cédric Parizot, eds., *Israelis and Palestinians in the Shadows of the Wall: Spaces of Separation and Occupation* (London and New York: Ashgate, 2015), 74-75.
（23）Jasbir K. Puar, “Spatial Debilities: Slow Life and Carceral Capitalism in Palestine,” *The South*

Atlantic Quarterly 120, no. 2（2021）: 393-414; Julie Peteet, *Space and Mobility in Palestine* (Bloomington: Indiana University Press, 2017).

（24）Handel, "What Are We Talking about when We Talk about 'Geographies of Occupation'?," 76.

（25）Eyal Weizman, *Hollow Land: Israel's Architecture of Occupation*（London and New York: Verso, 2007）. このようなまだら状の地理は、まさしくロジスティクスとインフラが地球規模で創出してきたものでもある。北川眞也「惑星都市化、インフラストラクチャー、ロジスティクスをめぐる一一の地理的断章――逸脱と抗争に横切られる「まだら状」の大地」、平田周・仙波希望編『惑星都市理論』以文社、二〇二一年、一〇三－一五一頁。

（26）Alessandro Petti, *Arcipelaghi e enclave: Architettura dell'ordinamento spaziale contemporaneo*（Milano: Bruno Mondadori, 2007）.

（27）Derek Gregory, *The Colonial Present: Afghanistan, Palestine, Iraq*（Oxford: Blackwell, 2004）, 99.

（28）ジョルジョ・アガンベン著、高桑和巳訳『ホモ・サケル――主権権力と剥き出しの生』以文社、二〇〇三年。

（29）Eyal Weizman, *The Least of all Possible Evils: A Short History of Humanitarian Violence*（London and New York: Verso, 2012）, 99-136.

（30）Francesco Sebregondi, "The Zone in Reverse: Logistical Power and the Gaza Blockade," *Footprint* 12, no. 2（2018）: 37-52; Francesco Sebregondi, "Life Contained in Gaza," *Progressive International*, May 11, 2020, https://progressive.international/wire/2020-05-03-life-contained-in-gaza/en.

（31）Sebregondi, "The Zone in Reverse," 39.

（32）エジプト－ガザの間にはラファ検問所がある。

（33）Sebregondi, "Life Contained in Gaza".

(34) Sebregondi, "Life Contained in Gaza".
(35) Sebregondi, "Life Contained in Gaza".
(36) Weizman, *The Least of all Possible Evils*, 81.
(37) Gisha, "Reader: 'Food Consumption in the Gaza Strip - Red Lines,'" *Gisha*, October, 2012, http://www.gisha.org/UserFiles/File/publications/redlines/redlines-position-paper-eng.pdf; Sebregondi, "The Zone in Reverse," 40.
(38) Lisa Bhungalia, "Im/Mobilities in a 'Hostile Territory': Managing the Red Line," *Geopolitics* 17, no. 2 (2012): 256-275; サラ・ロイ著、岡真理・小田切拓・早尾貴紀編訳『ホロコーストからガザへ――パレスチナの政治経済学』青土社、二〇〇九年。
(39) Sebregondi, "The Zone in Reverse," 40.
(40) 岡真理『ガザに地下鉄が走る日』みすず書房、二〇一八年、二五五―二七六頁も参照。
(41) Jasbir K. Puar, *The Right to Maim: Debility, Capacity, Disability* (Durham and London: Duke University Press, 2017).
(42) Puar, "Spatial Debilities"; 渡辺丘『パレスチナを生きる』朝日新聞出版、二〇一九年。
(43) Puar, *The Right to Maim*, 152.
(44) Puar, *The Right to Maim*, 145.
(45) Weizman, *The Least of all Possible Evils*, 96.
(46) Who Profits, "Reconstruction of Gaza Zero Buildings, Massive Profit," *Who Profits from the Occupation*, February 2016, https://www.whoprofits.org/updates/reconstruction-of-gaza-zero-buildings-massive-profit.
(47) デヴィッド・ハーヴェイ著、本橋哲也訳『ニュー・インペリアリズム』青木書店、二〇〇五年。

（48）アンジェラ・デイヴィス著、浅沼優子訳『アンジェラ・デイヴィスの教え――自由とはたゆみなき闘い』河出書房新社、二〇二一年。
（49）Puar, “Spatial Debilities.”
（50）二〇一〇年の報告によると、ガザ市場にある六八％の商品が、トンネル経由のものだった。建築資材、燃料、家庭用品なら九〇％、衣服と事務用品なら七〇％、食糧は六〇％、医薬品は一七％がトンネル経由だった。四人の貿易商がいれば、一人はトンネル経由の商品だけを扱っていた。Nicolas Pelham, “Gaza's Tunnel Phenomenon: The Unintended Dynamics of Israel's Siege,” *Journal of Palestine Studies* 41, no. 4 (2012): 28.
（51）Pelham, “Gaza's Tunnel Phenomenon,” 6-31.
（52）Pelham, “Gaza's Tunnel Phenomenon,” 22-24.
（53）Ian Slesinger, “A Cartography of the Unknowable: Technology, Territory and Subterranean Agencies in Israel's Management of the Gaza Tunnels,” *Geopolitics* 25, no. 1 (2022): 17-42.
（54）Charmaine Chua, “Logistics, Capitalist Circulation, Chokepoints,” *The Disorder of Things*, September 9, 2014, https://thedisorderofthings.com/2014/09/09/logistics-capitalist-circulation-chokepoints.
（55）新自由主義下の南アフリカとイスラエルによるパレスチナの支配との比較検討については、Andy Clarno, *Neoliberal Apartheid: Palestine/Israel and South Africa after 1994* (Chicago: University of Chicago Press, 2017).
（56）Alimahomed-Wilson and Potiker, “Decolonizing Logistics.”
（57）Zack Haber, “Pro-Palestine Ship Blockade Is the Latest Chapter in the Port of Oakland's Activist History,” *The Oaklandside*, June 8, 2021, https://oaklandside.org/2021/06/08/pro-palestine-ship-

blockade-port-of-oakland-activist-history-israel-zim.

(58) Chris Makhaye, "Dockers and Pro-Palestinians Unite in Durban," *New Frame*, May 27, 2021, https://www.newframe.com/dockers-and-pro-palestinians-unite-in-durban.

(59) Ruba Salih, Elena Zambelli, and Lynn Welchman, "'From Standing Rock to Palestine We Are United': Diaspora Politics, Decolonization and the Intersectionality of Struggles," *Ethnic and Racial Studies* 44, no. 7 (2021): 1135-1153.

(60) アンドレアス・マルム著、箱田徹訳『パイプライン爆破法――燃える地球でいかに闘うか』月曜社、二〇二一年、九三頁。

(61) マルム『パイプライン爆破法』、九四頁。

第3章

アメリカ黒人解放闘争とパレスティナとの連帯

テキストとアートで辿る闘争の経絡

阿部小涼

ティーチインと連帯

筆者の研究室にパレスティナの分離壁を描いたポスターがある。以前、沖縄県の米海兵隊北部訓練場のオスプレイパッド建設工事に反対する座り込みの現場を、沖縄防衛局がトタン板で封鎖してしまったことがあった。これではまるで分離壁じゃないかと思い立ち、このポスターを高江のトタン壁に貼ってみた。パレスティナに連帯したいと願い、だがパレスティナどころかやんばるの森は訪れる人も少なく、Visit Palestine のメッセージは誰の目にも留まらないことに心がザワザワとした。

筆者研究室の壁で貼り重ねられて埋もれつつある Visit Palestine のポスター。2021 年 12 月筆者撮影。

二〇二二年四月に他界した人類学者のマーシャル・サーリンズは、米国でティーチイン発祥のエピソードを語る上で欠かせない名である[1]。一九六五年三月、フリースピーチムーヴメント渦中の大学生たちの運動の自由さ放埓さに大いに共振したサーリンズら教授団によって、ミシガン大学で初のティーチインが開催されたと記録されている。このティーチインという名称が、米国の黒人解放闘争の重要な戦術、シット・イン（座り込み）という言葉と響き合って着想されている、という点が重要だろう。運動のスタイルに名前を付ける、その名付けにおいて連帯の心情がこだましている。

　「ティーチイン」の元祖なのかも知れないサーリンズに関連付けて紹介しておきたいのが、米国の「憂慮する人類学者たちのネットワーク」によって出版された『対抗的治安教範』である[2]。これは二〇〇九年の米国で、イラク、アフガニスタン攻撃に際して制作された暴動鎮圧対策の軍事教範（手引き、指南書）に人類学の学知が動員されたことに抗議した専門家たちが、学問の戦争協力を拒否する立場を表明した刊行物で、サーリンズはここに序文を寄せて賛意を示した。このプロジェクトには、沖縄の米軍基地問題についての発言者として知られるキャサリン・ルッツ、デイヴィッド・ヴァインらが参加している。人類学が占領に果たす役割は沖縄の占領史で充分に理解されていることだが[3]、治安作戦のフィールド・マニュアルにカウンターをかますというアカデミズムの側からの行動の価値は計り知れない。参加知識人のひとり、ヴァインは、世界に拡大する米軍基地の駐留状況をつぶさに調べて問題点を明らかにする著者で、沖縄の反米軍基地闘争の重要な論客だ。

憂慮する人類学者たちのネットワーク編『対抗的治安教範』の表紙

　サーリンズに関連して、彼に学んだいまひとりの人類学者としてデイヴィッド・グレーバーも挙げておこう。世界のさまざまな闘争の現場を訪れ鼓舞してきた彼もまた、沖縄を来訪し辺野古・高江の闘争の現場を目撃した。ティーチインの草分け、サーリンズの名を触媒として、沖縄の反基地闘争を目撃した米国の二人のデイヴィッドという人類学者が細い線で繋がっている。本稿では、こうした触媒する、触発する・される、ということがつなげる頼りない経絡を辿ることで、連帯について語ることを試してみたい。

交差するアンジェラ・デイヴィス

本稿のテーマである米国黒人解放闘争のパレスティナ解放闘争との連帯について語る上で、欠かせないのが、アンジェラ・デイヴィスという人物だろう。二〇一一年ニューヨーク市ウォール街のズコッティ公園の占拠に端を発した「オキュパイ・ウォールストリート」で、ワシントンスクエアの現場に駆け付けてヒューマン・マイクロフォンでスピーチした姿は記憶に新しい。二〇一〇年代のデイヴィスの姿は、明確に、パレスティナ解放闘争との連帯において、知られている。いっぽう日本語圏で#Black Lives Matterというハッシュタグに代表されるムーヴメントの論客として、デイヴィスを翻訳紹介するという気運が現れている。(4)

まず、「ブラック・ラディカリズムのいくつもの未来」(大畑凜訳『BLACK LIVES MATTER——黒人たちの叛乱は何を問うのか』河出書房新社、二〇二〇年所収)は、米国黒人マルクス主義思想家のセドリック・ロビンソンへのオマージュとして出版された文献に収められたゲイ・テレサ・ジョンソンとアレックス・ルービンによるデイヴィスへのインタビュー記録である。(5)

つぎに、彼女の講演録を収めたアンジェラ・デイヴィス著、フランク・バラット編、浅沼優子訳

デイヴィスへのインタビューが収録された文献。Angela Y. Davis, "Angela Davis: An Interview on the Futures of Black Radicalism," in Gay Theresa Johnson and Alex Lubin, eds., *Futures of Black Radicalism* (New York: Verso, 2017)［アンジェラ・ディヴィス、聞き手ゲイ・テレサ・ジョンソン、アレックス・ルービン、大畑凜訳「ブラック・ラディカリズムのいくつもの未来」『BLACK LIVES MATTER——黒人たちの叛乱は何を問うのか』河出書房新社、2020年］

副題からパレスティナ解放闘争との連帯が意識されている論集。2011年のパレスティナ訪問、2014年のファーガソンの経験が反映している。Angela Y. Davis, *Freedom Is a Constant Struggle: Ferguson, Palestine, and the Foundations of a Movement*, edited by Frank Barat, forwarded by Cornel West (Chicago: Haymarket Books, 2016)

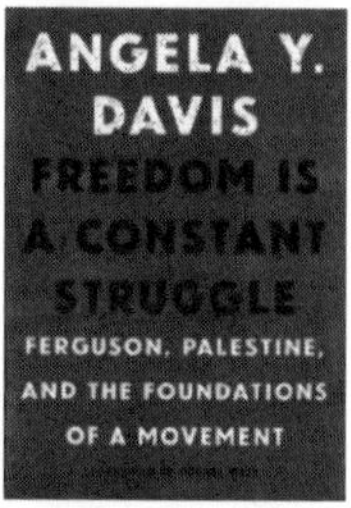

上掲のDavis, *Freedom Is a Constant Struggle* の邦訳。訳者によるまえがきでの丁寧な解説は、日本語圏の文脈で「交差するデイヴィス」を捉えている。アンジェラ・デイヴィス著、フランク・バラット編、浅沼優子訳『アンジェラ・デイヴィスの教え——自由とはたゆみなき闘い』河出書房新社、2021年。

パレスティナ訪問以前に精緻化されていたアボリショニズムの論考。パレスティナにふるわれるイスラエルの軍事・警察暴力を米国の人種問題と交差させる思想を準備した一冊。Angela Y. Davis, *The Meaning of Freedom: And Other Difficult Dialogues*, forwarded by Robin D. G. Kelley (San Francisco: City Lights Books, 2012)［第2章は、アンジェラ・ディヴィス著、大畑凜訳「産獄複合体について——公共の敵、資本主義、アボリショニズム」『福音と世界』第76巻4号（2021年4月）］

『アンジェラ・デイヴィスの教え——自由とはたゆみなき闘い』河出書房新社、二〇二一年がある。翻訳によって失われているが、「ファーガソン、パレスティナ」という二つの地名が並ぶ原著のサブタイトルに、後述する二〇一四年の黒人とパレスティニアンの双方の解放闘争連帯の経験が通奏低音として響いている事実をここでは強調しておく。(6)

そして現在進行中の翻訳プロジェクトとして、上記以前に講演録集として編まれていた Angela Y. Davis, *The Meaning of Freedom: And Other Difficult Dialogues*, forwarded by Robin D. G. Kelley (San Francisco: City Lights Books, 2012) があり、第二章のみ先行してアンジェラ・ディヴィス著、大畑凛訳「産獄複合体について——公共の敵、資本主義、アボリショニズム」『福音と世界』第七六巻四号(二〇二一年四月)として翻訳・解説されている。

日本語で全部あるいは、部分的に届けられた三つの文献を紹介した。(7) 彼女は自身の政治囚としての収監と裁判闘争の経験を分析し、ライフワークとして監獄の問題を唱えてきたが、それが、現在の、警察暴力への抗議行動と結実して、「アボリション」、廃止闘争の論客として今日の運動の理念的柱になっていることを、これらのテクストは理解させる。

だが見落としてはならないのは、二〇一〇年代にアクティヴィストとして再読・省察される過程で現前化した、彼女自身の個人史とパレスティナとの交差、すなわち交差するデイヴィスであり、それは精力的に行われた各所でのスピーチ原稿に現れている。彼女の語りのなかで、一九七〇年の刑務所のなかからの闘いがパレスティナの政治囚やユダヤ人弁護士に支えられていたこと、一九七三年ヤセル・アラファトとの邂逅が想起され、その先に二〇一一年、先住民・有色女性フェミニスト代表団

(Indigenous and Women of Color Feminists) によるパレスティナ訪問の経験が接続されている。デイヴィスはこの体験を踏まえて、ＢＤＳ（The Boycott, Divestment, Sanctions）運動への参加を表明しており、ボイコットという黒人公民権闘争の戦術との共鳴が意識的に呼びかけられた。呼びかけの向こう岸では、パレスティニアン・フリーダム・ライダーズが公共交通の人種隔離に対する抵抗運動として取り組まれた。バスに乗って人種隔離に抗議する具体的行動として公民権闘争のフリーダムライドが参照された事例である。デイヴィスを辿ることで解放闘争の応唱関係が見出されていく。

デイヴィスのメッセージを通して、入植者植民地主義（セトラー・コロニアリズム）、法的・制度的に合理化されシステムに埋め込まれた人種主義（システミック・レイシズム）、取締りや収監技術の国境を越えた軍事化（グローバル・ポリシング）とその遍在／偏在、人種と性を切り分けて論じると見えなくなる交差性（インターセクショナリティ）、そして、ボイコットの戦術としての正当性が、全面化し総体として理解されるようになった。すなわち、交差するデイヴィスにおいて現在の黒人解放闘争の課題がパレスティナと関連付けながら可視化されているのである。

また、デイヴィスの持つ影響力がさまざまな運動の担い手を結びつけているのだが、決定的と思えるのは、米国の大学キャンパスで、黒人、イスラム、ユダヤ人各々に矛先が向けられてきた人種主義への抗議が、互いを疎外し合う関係から、連帯のほうへ向かう気運だ。デイヴィスが指導力を発揮してそのような運動を率いているということではなく、パレスティナの政治動向、米国内のユダヤ系によるシオニスト・イスラエル政府批判、先住人民運動、フェミニスト、さまざまな動向が糾合するチャンスというものが、デイヴィスの言論活動実践を通じて可視化されているということだ。

また、デイヴィスは大学キャンパスと、ストリートの抗議、さらには労働者の空間などを縫い合わせている存在としても重要だ。そのスピーチがどこで語られたのか、場所を確認しながら読むと、大学キャンパス、教会や各地の集会など彼女が縫い合わせる運動空間の地図が立体的に浮かび上がる。最近の例では、米国カリフォルニア州オークランドの国際港湾倉庫労働者組合、ＩＬＷＵ第一〇支部のＢＤＳ闘争で、デイヴィスは、この港湾ストライキを盛り上げるべく駆け付けてスピーチしている。(8)

学術テクストにおける連帯

現場を、学術という世界に引き寄せて凝視してみると、米国における運動が、この間、パレスティナ解放闘争との接点を焦点化してきたことを集約的に示しているものとしてパレスティナ研究学会の学会誌 *Journal of Palestine Studies* を挙げることができる。(9) そのジャーナルの二〇一九年第四八巻第四号は特集 "Black-Palestinian Transnational Solidarity" と題されたものだった。(10) ここでは米国の黒人現代史家のロビン・D・G・ケリーによる、黒人

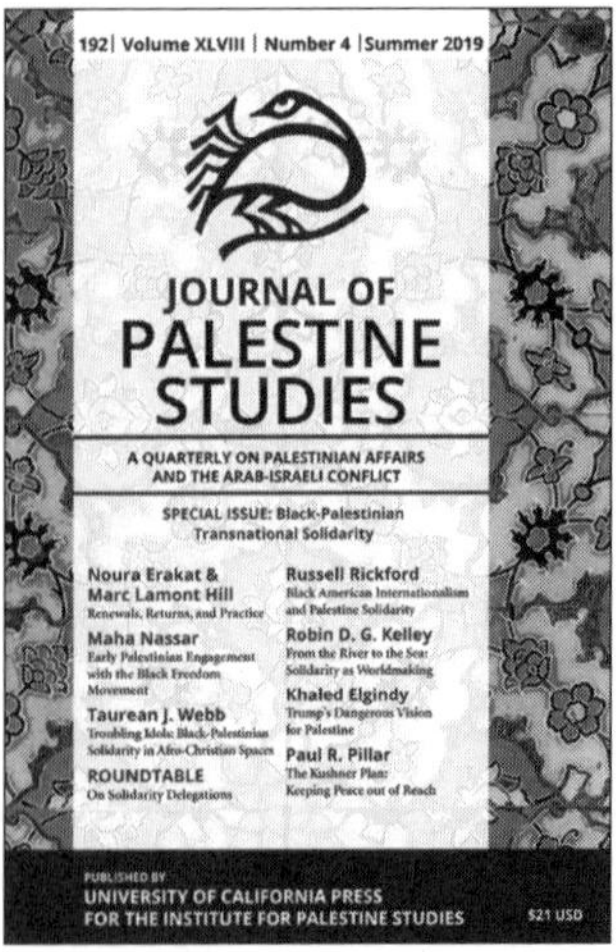

黒人とパレスティニアンのトランスナショナルな連帯を特集したパレスティナ研究学会の学会誌 *Journal of Palestine Studies* 2019年第48巻4号の表紙。

解放闘争との連帯についての論文が掲載されたことが注目される[11]。

黒人とパレスティニアンの連帯の契機は、今日的には、二〇一四年のファーガソンでの出来事に焦点化され、耳目を集めている。ミズーリ州ファーガソンで、マイケル・ブラウンが警察から殺害された事件を受けて、引き続く警察による黒人への暴力事件に対する大規模な抗議行動が取り組まれた。このとき抗議する人々が、既存の運動組織のボス的態度や参加者の安全確保の優先を理由になだめようとするような流れに馴致されず、警察と対峙した。それは、抗議する人々が、警察の軍事化、軍事テクノロジーに真っ向から向き合わされた経験となった。米軍と協力関係にあるイスラエルの軍・警察に、米国の地域の警察が研修に派遣されて、対敵・対テロ取締りの知識を共有していること、その警察が使用する備品が、使用された催涙ガスを含めてグローバル軍需企業の資本を背景に生み出されたものであること、そうした既存の知識が、現実として集約的に経験されたのが、ファーガソンだった。

そして二〇一四年とは、イスラエルによるガザ侵攻の渦中であった。権力によるポリシング、すなわち取締りという暴力の標的にされているということが、実体験としてグローバルに共感されていた。対テロの装備に、生身の身体としてどのように対処すべきか。具体的な知恵の共有は、米国のパレスティニアンによる解放闘争の連帯の具体的な実践として語り継がれた。ケリーの論文はこの動きに、BPTS（Black-Palestinian Transnational Solidarity）という名前を与えて、二〇一四年ファーガソンのできごとを「触媒」と表現し、前後史を切り結ぶことで、連帯に備わる歴史的な効果を、新しい世紀の運動世代に伝えようとしていた。

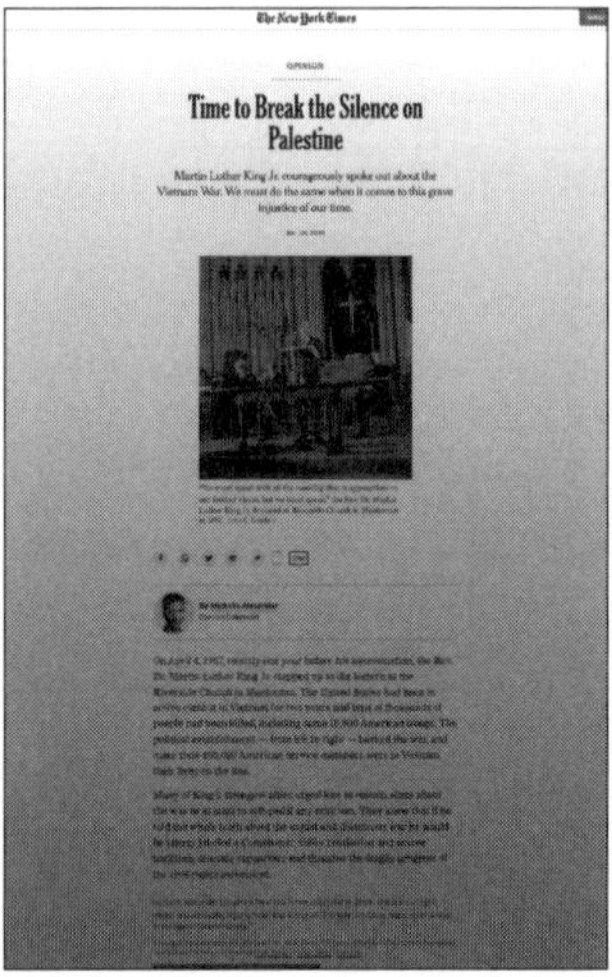

『ニューヨークタイムズ』紙に掲載されたミシェル・アレグザンダー「沈黙を破るときだ」。M.L.キング Jr.の写真が冒頭に挿入されている。Michelle Alexander, “Time to Break the Silence on Palestine,” *New York Times*, January 19, 2019.

ファーガソンが触媒したその後とは、ドリーム・ディフェンダーズ（二〇一二年に結成された黒人、ラテンアメリカ系、アラブ系のコミュニティ組織）たちのパレスティナ訪問、米国内のユダヤ人団体Jewish Voice for Peaceによって開始された Deadly Exchange Campaignなどの直接行動に顕著だ。パレスティナ解放闘争の側に立つ黒人の発言者は、しかし、深刻なバックラッシュに曝されていた。二〇一八年一一月、マーク・ラモント・ヒル（テンプル大学教授）は、CNNから解説者としての契約を解除され、二〇一九年一月デイヴィスは、アラバマ州バーミングハムの公民権団体から内定していた人権賞の撤回を伝えられる（後にデイヴィス支持者の声の高まりに押されて撤回は撤回された）などの事態が起こっていた。

このような情勢に対して、二〇一九年、ミシェル・アレグザンダーが、『ニューヨークタイムズ』紙に「沈黙を破るときだ」という投稿を行う[12]。パレスティナの人権を採り上げ、イスラエル政府を批判することが、反ユダヤ主義だと誹られ、黙らされて、運動が抑圧される、米国で繰り返されてきたこのような問題点を整理するものだった。黒人解放闘争の主導者らが表明してきたイスラエルへの支持が、歴史的文脈を背負った複雑なものであることを示す事例としてしばしば振り返られるのが、一九六七年、M・L・キング・ジュニアが立たされていたクリティカルな立場である。キングもそうだったように、反ユダヤ主義として標的化されるシオニズム批判を避ける言動は、黒人解放闘争に亀裂をもたらすような共通の経験だった。

二〇一〇年代を、一九六〇－七〇年代に接続するそのような省察において、ケリーは、亀裂のもういっぽうへの注目を促す。冷戦リベラルに対置される黒人レフトたちと、パレスティニアン・レフトたちは、反帝国主義で連帯しようとしていたことを示す歴史に記録された断片である。一九七〇年に黒人解放闘争の指導層たちが掲げたイスラエル支持の声明に対抗するように、中東の真実のためのアメリカ黒人委員会「イスラエルのシオニスト政権へのアメリカの支援に反対するアメリカ黒人のアピール」が、『ニューヨークタイムズ』紙に掲載されている。そこでは、イスラエルの社会主義組織が反シオニズムを主張していた、その表現が文面において参照されており、ケリーの言葉を借りれば、アピールの署名はまさに黒人レフト名士録と呼べるものだった。この文書は、現在、ドリーム・ディフェンダーズも参画したパレスティナ解放闘争に連帯する米

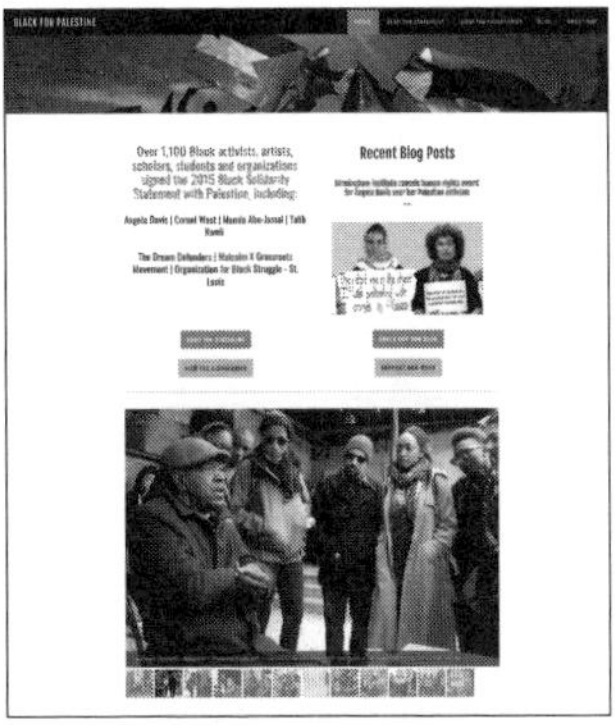

B4Pウェブサイトのトップページ。下段にドリーム・ディフェンダーズの代表団がエルサレムのアフロ・パレスティニアン・コミュニティを訪問した際の写真が紹介されている。上段右はバックラッシュを浴びたデイヴィスについてのブログ記事。http://www.blackforpalestine.com/

BLACK FOR PALESTINE

An Appeal by Black Americans Against United States Support for the Zionist Government of Israel

AN APPEAL BY BLACK AMERICANS AGAINST UNITED STATES SUPPORT OF THE ZIONIST GOVERNMENT OF ISRAEL

B4Pサイトに再掲載された1970年11月の意見広告、中東の真実のためのアメリカ黒人委員会「イスラエルのシオニスト政権へのアメリカの支援に反対するアメリカ黒人のアピール」http://www.blackforpalestine.com/1970-black-nyt-statement.html.

国黒人闘争のネットワークB4P（Black for Palestinian）のウェブサイトで掲載されているものを見ることができる。現在の連帯の担い手たちが、歴史に記録されたこの断片を重視し、今日に蘇らせていることが判るだろう⑬。

デイヴィスの収監に抗議する「アンジェラ解放」運動がインターナショナリズムのコアを形成するものだったこと、ミシシッピ自由民主党（MFDP: Mississippi Freedom Democratic Party）の一九六八年党綱領には第三世界インターナショナリズムの精神が充満していたことなど、一九六〇－七〇年代黒人解放闘争が持っていた国際主義の事例を列挙するケリーは、さらに喚起力に満ちたジョージ・ジャクソンをめぐるエピソードを紐解いていく。

ブラックパンサー党のジョージ・ジャクソンは、デイヴィスが支援運動をし、また、そのために彼女自身が逮捕されることにもなった人物だった。一九七一年、ジャクソンが刑務所で虐殺された後、家族に引き渡された数少ない遺品のなかに見つかった「太陽の敵」というタイトルの詩は、彼が書き残した作品としてブラックパンサーが機関紙などを通じて伝え、広く読まれた。だが、実はこの詩は、刑務所で彼が手にした本に書かれていた詩を書き写したもので、作者はパレスティニアンの囚人詩人サミ・アル・カシムだった。そして、このエピソードは二〇一〇年代に架橋された続きがある。詩の事実を探し当てた黒人文化批評研究のグレッグ・トーマスによって収集された資料をインスタレーションにしたGeorge Jackson in the Sun of Palestineが、二〇一五年一〇月、東エルサレム（アブディス）のアル＝クドゥス大学にあるアブー・ジハード美術館[14]（囚人運動事件のための美術館）で展示されたのだった。

大学キャンパスからの連帯

ケリーとデイヴィスの連帯精神を承けて、沖縄の文脈との交差も意識しながら、筆者も連帯の経絡の事例を追加してみたい。まず二〇〇八年から二〇〇九年にかけて世界中のいろいろな大学キャンパスで闘われていた占拠闘争に出現した経絡について。これは、二〇一一年九月から始まるオキュパイ・ウォールストリートに先行している行動で、すなわち、オキュパイを準備したものでもあるのだが、本稿で注目したいのは、イラク占領、ガザ空爆の問題を自らの大学闘争に関連付けていく展開だ。このときの大学占拠の動きにおいて口火を切ったのは、ニューヨークのニュースクール・フォー・ソーシャル・リサーチ、「ニュースクール」と呼ばれている大学だった。第一次大戦時の外国人排斥の風潮を払拭するように設立され、一九三〇年代に亡命ユダヤ人知識人を受け入れた経験から、ユニヴァーシティ・イン・エクザイル（亡命中の大学）という通称名を持っていることで知られている。

そのニュースクールで、二〇〇八年一二月に建物の解体をめぐって持ち上がった学生の抗議行動が、ビルを占拠して行われる闘争に発展した。大学院生たちは、自らをニュースクール・イン・エクザイル（亡命中のニュースクール）と名乗って闘った（かれらはティーチインも実施している）[15]。年が明けて二〇〇九年、ニュースクール・イン・エクザイルたちは大学幹部のイラク占領支持を突き上げ、戦争で儲ける企業が大学経営に介入しているとの批判を展開していく。近隣のニューヨーク市立大学、ニューヨーク大学を盛り上げた行動は更なるグローバルな運動へと接続される。二〇〇九年二月一二日、スコットランドのエディンバラ大学学生がガザのために上げた声明にかれらは連帯表明で応唱した。

そして二〇〇九年二月一八日、ニューヨーク大学の学生たちによる、「NYUを取り戻せキャンペーン」が、カフェテリア占拠でニュースクールに続いた[16]。かれらは、そのスタート時点で、要求項目のひとつに、パレスティナ留学生の学費免除とガザ大学の再建支援を含めた声明を上げ[17]、これにニュースクール・イン・エクザイルたちが連帯で応えた。キャンパスにおける学生のスペースが取り壊されたり、学生・教員団の意見を省みない乖離した経営陣だったり、抗議行動に対して大学が警察を動員して排除するやり方への抗議が、ネオリベラルな資本主義の問題を米国の帝国主義による支配の問題へと、学生の批判的精神を一気に接続していくプロセスが見られるのである。

この動きを、アジアの片隅で、固唾を飲んで見つめていた大学生たちがいた、と言うと大袈裟だろうか。二〇〇九年三月九日、琉球大学の学生たちが、語学カリキュラム方針に抗議してキャンパス占拠を開始し、ニュースクールとNYUで闘う学生たちへの連帯表明を発信した。当時、沖縄では、二〇〇八年五月、米海兵隊北部訓練場を自衛隊、ドイツ軍、オランダ軍、イスラエル軍が視察していたことが七月に発覚し、同年末、座り込み住民が国から仮処分を申立てられ、二〇〇九年一月、民主党政権による本裁判に発展していた。北部訓練場の立地する東村高江の反基地闘争に関心を寄せる学生たちにとってガザの空爆は他人事ではないリアリティを持って迫っていたのであり、座り込み占拠闘争を行った学生たちが、強く共感していたのは、ニュースクールやＮＹＵの学生たちが、問題を大学キャンパスに切り縮めず、グローバルな支配権力を批判する当事者たらんとした姿だった。同時期の大学生たちの闘争で出された声明文、それを互いに交換し合って賛同し合うテキストは、闘争のコール・アンド・レスポンスのような状況だったことが、残されたテクストに垣間見えている。そのような記録を通じて、共通性を析出しようとした連帯の経絡を辿ることができるだろう。

二〇〇九年米国の大学キャンパス占拠の趨勢は、二〇一一年に至るまでヨーロッパ各地やカリブ海のプエルトリコ大学でも、学生ストライキとして具現化しており、この趨勢をマッピングする運動なども出現していた[18]。そして、多彩な経絡の結節点を可視化した大学生たちの気運は、ポリシング暴力に抗議する米国の黒人の闘争においても共有されていくことになる。それを象徴するのが、次に見るオスカー・グラント殺害の抗議行動であった。

オスカー・グラント殺害抗議の連帯

二〇〇八年一二月三一日深夜から、新年のカウントダウンに集まる人々で賑わっていたカリフォル

Justice for Oscar Grant! Justice for Gaza! End Government Sponsored Murder in the Ghettos of Oakland and Palestine のメッセージは、政府がスポンサーの、つまり、公金を使った殺人という意味が込められ、オークランドとパレスティナがいずれも「ゲットー」と表現されている。

オスカー・グラント殺害抗議で提示されたポスター。2008年12月末から1月に起こったガザ空爆による民間人殺戮と、鉄道警察による黒人の殺害とが重ね合わされ、ガザでもオークランドでも「私たちの税金で殺している」と訴えている。

ニア州オークランドの高速鉄道公社BARTのフルートヴェール駅で、乗客の黒人男性オスカー・グラントが、鉄道警察によって銃殺される事件が起こった[19]。年が明けるとすぐに、抗議行動が呼びかけられる。このとき日本では、抗議に集まった人が暴徒と化したというパターンにはめ込んだ報道がなされた。しかし、オスカー・グラント殺害抗議行動は、その後の今日につながる

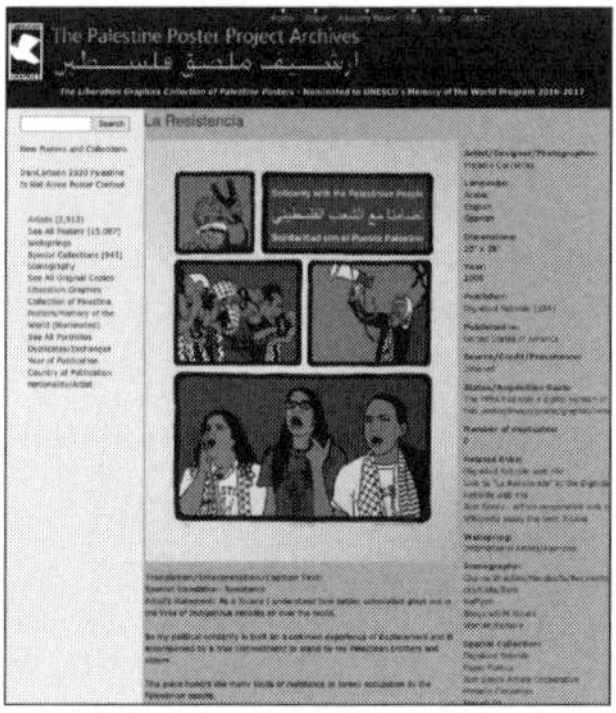

膨大なコレクションが検索・調査できる The Palestine Poster Project Archives サイト。http://palestineposterproject.org/

Ｍ４ＢＬ（ムーヴメント・フォー・ブラック・ライヴズ）、黒人の命のための行動と命名されるようになる運動の趨勢を、先取りしていたところがある。それは、携帯電話で事件の現場が動画撮影されていたこと、ＳＮＳ、なかでもツイッターを使って行動が幅広く呼びかけられたこと、人種主義に偏った警察暴力というフレーミングでの抗議が、大衆的な理解を得て行われたこと、そして、パレスティナへの共感と連帯の表明だった。二〇〇九年一月の抗議で掲げられたサインボードのデザインには「ガザでもオークランドでも税金で殺している」「オークランドとパレスティナのゲットーで政府による殺人を終わらせろ」などのメッセージが確認できる。

連帯を脱植民地化するアート・アクティヴィズム

二〇一四年のミズーリ州ファーガソンが触媒した連帯の前後史、アンジェラ・ディヴィスという交差点を通して、米国における黒人解放闘争とパレスティナ解放闘争とが、歴史的に接点を持ってきたことを紹介してきた。黒人とパレスティニアンとの連帯、ＢＰＴＳは、歴史的に分断やバックラッシュ、亀裂の省察と克服の実践としてある。こうして連帯の根拠は民族的なアイデンティティの一体性ではなく、正義という不可分の原理の共有に求められるとケリーは指摘している。原理や価値の共有という点で、比較や翻訳というのは、方法として、連帯に関係しているものだと考えてみよう。また、フェミニズムの交差性の説明やポストコロニアル研究や、そのような批評理論が研ぎ澄ませてきた説明方法も、連帯のために力を発揮する、連帯の方法論である。さらに、連帯について考えるとき

Cris Ranshi at Youtube Channel, "Wonder wall campaign (project) Bethlehe in Palestine Short Ver," https://www.youtube.com/channel/UC1Kr5MJLGZt-81IKVcC_lzQ.

に、想像力を起動する、アートの果たす効果というものが極めて重要だろう。ここでは三つの事例に言及したい。

　まず、先に見たオスカー・グラントとガザを想像力において連帯させるポスターだ。このようなアート・ポスターを集成したのが、ダン・ウォルシュによる「パレスティナ・ポスター・プロジェクト」である。[20] このサイトで調査すれば、Justice for Oscar Grant! Justice for Gaza! のアート・ポスターは、ジャストシーズの取り組みであったことが判る。ジャストシーズは、アメリカの社会運動の現場でポスター制作で運動をしているアーティスト・コレクティヴで、シルクスクリーン・プリントに定評がある。[21] オスカー・グラントのポスター作家としてクレジットされているメラニー・セルバンテスとヘスス・バラッサの二人は、ディグニダーレベルデという協働プロジェクトも持っていて、米国のスペイン語系の人々の闘争現場に、アートポスターを提供し続けているアート・アクティヴィストたちだ。[22]

　二つ目に日本での事例として、「ワンダーウォール・キャンペーン」を挙げることができる。これは、志賀直輝の呼びかけで二〇〇八年に取り組まれていた、グラフィティを分離壁にボムするというアクションで、クリス・ランシーが動画記録を映像作品にして YouTube に残しており、小田マサノリがイルコモンズのブログにアップした報告を通して、現在でも確認することができるアート・アクティヴィズムの実践だ。[23] 興味深いのは、二〇〇九年の第二回キャンペーンの呼びかけである。爆撃下のパレスティナに行くのではなく、自分の足下で同じことが起こっているという事実に覚醒した志賀は、「私たちの近くにある近所の壁や目には見えないがそこにある居心地の悪さを作っている壁にグラフィティファーダまたはインティファーダしようとなんどでも言いたい。それが、また間接的にもパレスチナでの虐殺を止めてゆく手段のひとつだと信じている（ギリシャの暴動が各地に飛び火したように）」と呼びかけた。[24] 沖縄を含むグローバルな大学生の占拠闘争や、オスカー・グラント抗議がパレスティナへの連帯を掲げていたのと同じころ、日本では、二〇〇九年の年明けに、このように呼びかけられていたことを、想起しておきたい。

　連帯の二〇一〇年代的な文脈を集約していたアート・アクティヴィズムとして、最後にディコロナイズ・ディス・プレイスを紹介したい。[25] 二〇一六年にニューヨークのチャイナタウンの古ビルを借り切って行われたMLT+というアートコレクティヴのインスタレーションと社会運動の組合せのような企画で、開催期間中にはさまざまな集会、講演会、音楽などのライヴ・パフォーマンスが行われた。デ

Decolonize This Place のスペースに展示された #Black Lives Matter #NODAPL #BDS ほか多種の横断幕。2016 年 10 月筆者撮影。

モで使う横断幕を持ち寄ったり、その場で集まって制作したりする工房のようにもなっていた。#NODAPL、すなわちダコタアクセスパイプラインの建設工事を阻止するスタンディングロックの運動、BDS、そして、すでに姿を表していたブラック・ライヴズ・マター、これらのバナーが一同に会した様子が、この空間の意義を象徴している。

運動の交差が可視化するセトラー・コロニアリズム（入植者植民地主義）、システム化した人種主義、ポリシング（取締、収監）のグローバル軍事化の遍在／偏在、交差性（インターセクショナリティ）など、これらの課題が、ニューヨークのジェントリフィケーションへの対抗運動と合流しつつディコロナイズ、脱植民地化という言葉でまとめあげられて、連帯の空間を構築していたのである[26]。

このような連帯の空間に身をおくことで、現在の解放闘争への参加や行動が触発されていることが判るだろう。交差性や脱植民地主義への着眼によって、解放闘争の連帯を解放する闘争、そのような水準に引き上げてくれる思考方法が実践されていると言える。このような、連帯がスパークするような瞬間、共鳴する空間を経験したとき、今は声が届かなくても、未だ見ず知らずながらも、私たちはすでに出会ってきたと、心をザワつかせながら、来るべき連帯を生じさせる触媒に触れていたと確信するのではないか。

付記

本稿は連続ティーチイン「交差するパレスチナ――新たなわたしたちのつながりを求めて」第三回二〇二一年一二月三日（金）一九時のオンライン口頭発表を元にしている。経絡とは東洋医学における代謝の通り道を表す経脈・絡脈のこと。見えないがつながっている連帯の回路を意識して副題に追加した。

（1）Jonathan Greenberg, "Marshall Sahlins and the Birth of the Teach-in," *Fierce Urgency: The Journal and Blog of the Institute for Nonviolence and Social Justice*, April 13, 2021, https://usfblogs.usfca.edu/fierce-urgency/2021/04/13/marshall-sahlins-and-the-birth-of-the-teach-in.

（2）The Network of Concerned Anthropologists, *The Counter-Counterinsurgency Manual: or Notes on Demilitarizing American Society* (Chicago: Prickly Paradigm Press, 2009).

（3）最近では沖縄を標的としたＣＩＡによる世論操作マニュアルの例がある。ジョン・ミッチェル著、拙訳『「情報自由法」で社会を変える！——情報開示最強ツールの実践ガイド』岩波ブックレット、二〇二三年、第四章を参照。

（4）パトリース・カーン＝カラーズ、アーシャ・バンデリ著、アンジェラ・デイヴィス序文、ワゴナー理恵子訳『ブラック・ライヴズ・マター回想録——テロリストと呼ばれて』青土社、二〇二一年と、その筆者による書評「ＢＬＭ運動創生の書であり、闘争の書——世代を超えた触発と継承のライフ・ライティング」『図書新聞』三四九七号（二〇二一年五月二九日）、八頁も参照されたい。

（5）Angela Y. Davis, "Angela Davis: An Interview on the Futures of Black Radicalism," in Gay Theresa Johnson and Alex Lubin, eds., *Futures of Black Radicalism* (New York: Verso, 2017). 拙論「Texts That Matter ——黒人解放闘争の開放性と連帯の文献系譜学」『同時代史研究』第一四号、二〇二一年九月、三―一七頁も参照されたい。

（6）Angela Y. Davis, *Freedom Is a Constant Struggle: Ferguson, Palestine, and the Foundations of a Movement*, edited by Frank Barat, forwarded by Cornel West (Chicago: Haymarket Books, 2016).

（7）これらの文献を取り巻く論客たちは、黒人解放闘争と沖縄の反米軍基地闘争を頼りなくも結びつけている。*The Meaning of Freedom* に序文を寄せているロビン・D・G・ケリーは、二〇〇五年に来沖して、辺野古の単管やぐらで座り込み市民とともに「ソリダリティー」と拳を挙げてくれたことがあり、*Freedom Is a Constant Struggle* に序文を寄せているコーネル・ウェストは、二〇〇八年に来沖し、彼を歓待するために集まったラッパーや大学生たちに「真実と正義のために燃える沖縄の人々はブルース・ピープル」だと言って大いに鼓舞してくれたのだ。

（8）Peter Cole, "Angela Davis Joins America's Most Radical Union," *New Frame*, June 24, 2021, https://www.newframe.com/angela-davis-joins-americas-most-radical-union/.

（9）一九七一年創刊のこの研究紀要が創刊五〇年を記念した二〇二一年の「回顧と展望」記事を読めば、学術における闘争と呼ぶべき状況が充分に伝わってくる。Rashid I. Khalidi, "The Journal of Palestine Studies in the Twenty-First Century: An Editor's Reflections," *Journal of Palestine Studies* 50, Issue 3 (2021): 5-17.

（10）*Journal of Palestine Studies* 48, Issue 4 (2019), https://online.ucpress.edu/jps/issue/48/4.

（11）さらに、この論文を機軸として、日本語圏の読者に向けて改めて書きなおされたのが、ロビン・D・G・ケリー著、村田勝幸訳「世界形成としての連帯——絡まり合う黒人の闘争とパレスティニアンの闘争」『アメリカ史研究』四四号（二〇二一年九月）である。また日本語の翻訳を担当した村田勝幸が、ブラック・ライヴズ・マター運動の前史となる黒人に対する警察暴力の問題を懇切丁寧に追った単著は必読と言える。村田勝幸『アフリカン・ディアスポラのニューヨーク——多様性が生み出す人種連帯のかたち』彩流社、二〇一二年。次の論文も参照されたい。Katsuyuki Murata, "Solidarity Based Not on Sameness: Aspects of the Black-Palestinian Connection," *Japanese Journal of American Studies* 28 (2017): 25-46.

（12）Michelle Alexander, "Time to Break the Silence on Palestine," *New York Times*, January 19, 2019.

アレグザンダーは米国で警察・刑務所のポリシングが人種に偏向して行われていることを解き明かした書『ニュー・ジムクロウ』の著者。
(13) Committee of Black Americans for Truth about the Middle East, "An Appeal by Black Americans against United States Support of the Zionist Government of Israel," *New York Times*, November 1, 1970. Ｂ４Ｐサイトに再掲載された一九七〇年一一月の意見広告は、http://www.blackforpalestine.com/1970-black-nyt-statement.html。
(14) ティーチイン終了後のコメントで美術館の所在地についてご教示頂いた。記して感謝したい。
(15) The New School in Exile, http://newschoolinexileblog.blogspot.com/.
(16) このとき、ＮＹＵのカフェテリア占拠の学生たちに、ロジスティクス、すなわち食料や生活動線の確保、闘争の知恵を出し合う現場を支援していたのがデイヴィッド・グレーバーだった。まさに夜を徹して、闘争の戦術や理念について知識を分け合うティーチインと呼べる実践があったことを想像させる。また、この二〇〇九年の大学闘争が、それ以前のグローバル反資本主義闘争を継承したものであり、かつ、触媒となって、その先の多彩な直接行動へと命脈をつないでいくものだったと連想させる。
(17) Maria Lewis, interviewed by NYULocal on February 19, 2009, https://nyulocal.com/exclusive-nyu-students-barricade-doors-occupy-kimmel-d809a1482c1b.
(18) https://www.countercartographies.org/map-of-occupied-universities-in-europe/.
(19) 事件は、発砲した警察官ひとりが、（銃とテーザーガンを間違えたという）過失致死で、禁固一一ヶ月の有罪となった。しかし二〇一九年に、カリフォルニア州の州法、警察の透明化を行う「知る権利法」が制定され（これは後述するＭ４ＢＬの警察廃止・警察改革闘争の成果だ）、グラント殺害事件の捜査資料を公開させたところ、捜査に重大な問題があったことが明らかになりつつある。この事件を描いたフィクション映画『フルートベール駅で』（ライアン・クーグラー監督／米／二〇一三年／八五分）が制作されている。上映されたこの映画を観た直後、オパール・トメティは、「ブラック・ライヴズ・マター」というハッシュタグによる運動戦術を固めていったというエピソードが残されている。

（20） The Palestine Poster Project Archives, https://www.palestineposterproject.org/.

（21） Just Seeds, https://justseeds.org/. 冒頭で言及したパレスティナの分離壁のポスターも、ジャストシーズ・コレクティヴの作品である。

（22） Dignidadrebelde By Melanie Cervantes & Jesus Barraza, https://dignidadrebelde.com/.

（23）「ワンダーウォール・キャンペーンの回顧と展望（仮称）」『イルコモンズのふた。』二〇〇八年二月一〇日、https://illcomm.exblog.jp/7218401/：「第一次グラフィティファーダ」（二〇〇七年一二月二七日–二〇〇八年二月六日）のまとめ、https://illcomm.exblog.jp/7218423/：Cris Rnashi at Youtube Channel：https://www.youtube.com/channel/UC1Kr5MJLGZt-81IKVcC_lzQ。

（24） 志賀直輝「ワンダーウォールキャンペーン第二次グラフィティファーダの呼びかけ」『Irregular Rhythm Asylum-Blog』二〇〇九年一月九日、https://irregularrhythmasylum.blogspot.com/2009/01/blog-post_09.html。

（25） Decolonize This Placeとは、Nitasha Dhillon, Amin Husain, Yates McKee, Andrew Ross, Kyle Goen, Amy Weng, Aiko Maya Roudette, Marz Saffore and Samer Abulaelaらのアート・コレクティヴＭＬＴ＋が仕掛けた三ヶ月間のプロジェクトで、ニューヨークのチャイナタウンにあるビルを使ってジェントリフィケーションへの抵抗、黒人解放闘争、先住人民、パレスティナの解放闘争などを糾合する連帯のためのスペースの実践となった。https://decolonizethisplace.org/.

（26） 連帯の脱植民地化について、以下の拙論も参照されたい。「軍事主義インフラに抗する、連帯の脱植民地化に向けて」『福音と世界』第七七巻一号、新教出版社、二〇二二年、二九–三三頁。

第4章

パレスチナと性／生の政治

保井啓志

筆者が担当したティーチインでは、ジェンダーやセクシュアリティ、とりわけSOGI（性的指向及び性自認のこと）の政治がいかにイスラエル／パレスチナの政治と関わっているかというトピックについて発題を行った。本章ではそのトピックについてまとめたい。当日の流れに従い、本章では、「イスラエルのSOGIに関する広報政策——日本の事例から」、「ホモナショナリズムとピンクウォッシング」、「イスラエルのSOGIをめぐる政治」、「パレスチナのSOGIをめぐる政治」とそれぞれ小見出しを付けている。

イスラエルのSOGIに関する広報政策——日本の事例から

イスラエル／パレスチナのSOGIをめぐる政治を語る上で欠かせないのは、イスラエルの「ピンクウォッシング」の問題であろう。イスラエルは、二〇〇〇年代から自らの国をLGBTフレンドリーであると積極的に広報宣伝するようになった。それは、一方で、「ピンクウォッシング」という言葉でLGBTに関する一部の活動家から批判されるようになった。この「ピンクウォッシング」という言葉は、同性愛者のシンボルカラーとされるピンク色と、「うわべを取り繕う」、「覆い隠す」という意味のホワイトウォッシュをかけ合わせた造語で、イスラエル政府がLGBTフレンドリーであると積極的に宣伝することを批判的に表した言葉である。「ピンクウォッシング」という言葉には、イスラエルが民主的で、先進的な国家であるとほのめかすことで、結果的にパレスチナとの現在進行中の紛争や、占領といった「負のイメージ」を覆い隠す効果があるという含意が込められている。

事実、二〇〇〇年代ごろから、イスラエル政府はＬＧＢＴの権利の擁護に関する国際的な広報宣伝を戦略的に行ってきた。日本でも、駐日イスラエル大使館を通じて性的マイノリティの権利擁護を訴える市民運動との連携が行われてきた。もっとも初期の連携は、東京国際レズビアン＆ゲイ映画祭に対する後援活動である。イスラエル大使館は、さかのぼって確認できるだけで二〇〇一年から断続的に、イスラエル映画が上映されるたびにイベントへの後援を行ってきた[1]。さらに、二〇一二年に再開され、今やＳＯＧＩに関するイベントとしては日本最大級にまで成長した東京の代々木で行われる大規模イベント、東京レインボープライドには二〇一三年からイスラエルは積極的に後援を行っている[2]。特に、二〇一四年の東京レインボープライドで配られた公式パンフレットには、二〇ページほどの小冊子のうち四ページにわたってイスラエルの観光に関する情報が載せられるなど異例の対応となっている。二〇一六年には東京レインボープライドのイベントに関連して、イスラエル出身のドラァグ・クィーンであるタルラ・ボネットが来日して特別ショーを行っている。

近年では、二〇二一年に、日本のドラァグ・クィーンであるドリアン・ロロブリジーダが、イスラエル大使館の後援を受け、イスラエル民謡であるマイム・マイムをアレンジした曲を動画投稿サイトのYouTube上に公表している[3]。その一環でドリアン・ロロブリジーダはイスラエル大使館での招待講演に参加している他、翌年の二〇二二年に行われたクラブ新木場ageHaの男性同性愛者向けのクラブ・イベント「G Tour Dance Meeting」には、ドリアン・ロロブリジーダの出演に伴い駐日イスラエル大使館が後援を行っている。このようにイスラエルは、近年では性的マイノリティに関するアクティヴィズムへの後援だけでなく、ドラァグやクラブ・イベントなどのゲイ・カルチャーに直接関

東京レインボープライドに掲げられた横断幕（2017年5月7日筆者撮影）

係のあるイベントにも進出している。

こうした動向に対し、日本でも反対運動が起こっている。「レインボーアクション」や「フツーのLGBTをクィアする」、「Lesbian and Feminism Art の会」といった団体は、その中心的存在である。

Lesbian and Feminism Art の会は、二〇一四年東京レインボープライドのブース出展や、東京国際レズビアン&ゲイ映画祭の運営に対し、公開質問状を送り、そのやり取りを公表している[4]。二〇一七年には東京レインボープライドへのイスラエル大使館のブース出展に対する抗議声明を発出し、その後も、二〇一九年には東京レインボープライドでイスラエル大使館ブース前での抗議を行うなど継続的に活動している。また、二〇一七年の東京レインボープライドでは、「ボイコット！アパルトヘイト国家イスラエル」（写真）と書かれた巨大な横断幕が明治通りのイベントの行進の途中に掲げられた。

ホモナショナリズムとピンクウォッシング

このイスラエルによる広報宣伝の問題を語る際に欠かせないのが、「ホモナショナリズム」の概念である。ホモナショナリズムは、ジャスビル・プアというクィア理論研究者が理論化した概念である。プアは、二〇〇一年の同時多発テロ以降、米国がアフガニスタン戦争、イラク戦争に代表される「対テロ戦争」に突入してゆく中で、米国内で新たな形でのナショナリズムが出現していると述べ、それをホモナショナリズムと名付けた。ホモナショナリズムとは、米国の右派政治家やゲイの右派といった人々が、自らの国を女性や同性愛に寛容であると位置付ける一方で、イスラーム社会を同性愛嫌悪的、女性に抑圧的であるとして、自らの戦争遂行を正当化するような言説のことを指している。[5]

プアはこのホモナショナリズムをホモノーマティヴ・ナショナリズムの略であると述べている。ホモナショナリズムについて詳しく見てゆく前に、この概念を理解するためには、まずホモノーマティヴィティの話をしなければならない。

ホモノーマティヴィティとは、これまたクィア理論研究者のリサ・ドゥガンという人が用いて有名になった概念である。[6]この概念は、もともと異性愛規範（ヘテロノーマティヴィティ）という言葉をもじって、性的マイノリティの運動の中には本来非常に多くのジェンダーやセクシュアリティのあり方があるにもかかわらず、同性愛の問題が取り上げられがちであることを批判的に表した言葉であった。これに対し、ドゥガンは、一九九〇年代以降に、「新たな形のホモノーマティヴィティ（new homonormativity）」が形成されつつあると述べた。ドゥガンは、この背景に新自由主義の影響があると述べる。新自由主義は、支出の削減と緊縮財政、民営化による財政再建を目指す傍ら、社会的なサービスを縮小してゆく一連の政策のことである。代表的なのは一九九〇年代のクリントン政権の施策である。この一連の政策は、単に財政政策にとどまらず、社会的な影響も大きく与えた。具体的には、公的扶助に対する支出の削減により、「家庭」などの既存の社会的規範が再評価される一方で、市場に有益なものと見なされた一部の黒人などのマイノリティの積極的な活用と市場の開拓という、一見して「リベラル」な装いを纏う点にこの新自由主義の特徴がある。

ドゥガンの指摘は、以下の二点に集約される。

A：新自由主義の影響を受け、それまでの左派的な平等に向けた連帯の土壌が崩れ、LGBT運動は変質したという点。新自由主義の価値観のもとでは、市場に有益な「金になる」性的少数者らが積極的に活用されてゆく。一方で、マイノリティの問題はもはや公的な介入を必要としない「個人的な問題」と見なされ、貧困対策などへの支援は枯渇してゆく。その結果マイノリティの中に経済力を基準にした分断線が新たに生まれ、運動も、「同性婚」と「軍における同性愛者の問題（DADT政策）」という主に裕福な同性愛者らのための二大イッシューに収斂してゆく。さらにこの二大イッシューが語られる際の特徴は、婚姻制度や軍隊の解体といったジェンダーやセクシュアリティに関わる制度の根本的な廃止を求めるのではなく、それに積極的に参与してゆく手法を取っている点である。

Ｂ：この新自由主義によって活用される「ゲイ」は、白人で上流・中産階級で、男性であるような「経済に有益な」人々であるという点。大手ファッション会社の広告にはゲイやレズビアンといった人々が登場するようになる。さらに、子を持たないゲイカップルは可処分所得が多いとされ、観光政策や結婚式などのビジネスに注目され、「ピンク・マネー」と呼ばれるまでになった。

このように、新自由主義によって、運動が主流化してゆき、「ＬＧＢＴ」という言葉がある程度可視化されてゆく一方で、ある程度の「ゲイ・フレンドリーさ」に充足し、それ以上の平等を要求しないような、新たにクィアの人々を縛る規範のことを、ドゥガンは新しいホモノーマティヴィティという言葉で表現しているのである。

プアはこのドゥガンのホモノーマティヴィティに関する考えをさらに深め、国家の経済に有益とされたゲイ男性をはじめとした同性愛者らが、今度はこの「ゲイ・フレンドリーさ」を守るために保守化してゆく様を形容している[7]。そして、同時多発テロ以降に米国でナショナリズムが高まってゆく中で、米国社会と「イスラーム社会」を対比させる二項対立的な言説が形成されていると指摘する。プアによればこの二項対立は、アメリカ社会を、核家族に基づくアメリカンホームに代表されるような健全な異性愛社会であると描き、さらにそのような理想的で健全な異性愛社会であるがゆえに同性愛者にも寛容で進歩的な社会であると主張する。一方、イスラーム社会を、近代化に失敗した、いびつな家父長制であると見なし、その偏狭さゆえに、女性や同性愛者にも厳しく、異性愛を強制するような非文明的で後進的な社会であると攻撃するのである。プアによれば、この二項対立の裏には、プアが「性的例外主義」と名付けるある種の例外のレトリックが働いているという。そもそも、アメリカ例外主義とは、一九世紀の西部開拓の時代に、米国が未開の地域の開拓と文明化の使命を負っているという聖書・宗教的な自負のことを指した言葉である。この性的例外主義のレトリックは、幾重にも重なる「例外」の論理に支えられているという。それを端的に述べると以下のようになる。「異性愛社会でありながら、「例外的に」同性愛者を包摂するアメリカは「例外的に」優れており、世界中の同性愛者を救うという任務を「例外的に」担っている。なお、アメリカでも起こる同性愛嫌悪的な事件は「例外」であって、アメリカを代表するものではない」。

プアのホモナショナリズムについて、いくつか重要な点を確認しておかなければならない。プアによれば、国家にとって望ましいものとして称揚される「ＬＧＢＴ」は、現行の異性愛規範的なヘゲモニーを脅かさない「例外」としてしか認められない。この意味で、ホモナショナリズムとは、色々な性のあり方を、多少形は違えども結婚をし、再生産を行い、子を育て、さらには愛国者であるような「望ましい国民」へと規範化するプロセス＝生政治的なものである。このような「ＬＧＢＴフレンドリー」な愛国主義は、そもそも愛国主義が戦争を通じて人権侵害を行うのみならず、「望ましい国民」を作るために再生産を通じた性差別を強化するという点で、必ずしも真に平等や解放を意味するものではないのである。

さらに、プアは、後の論考で「ピンクウォッシングは、ホモナショナリズムのうちに、そしてそれによって可能になっている一つの表明であり実践である」と述べ、イスラエルによる戦略的な広報宣伝が、「イスラーム社会＝同性愛嫌悪」という国際的な表象の政治と、表裏一体であることを指摘している。(8)

実際に、イスラエルの右派政治家らは、このレトリックを用い、イスラエルの民主主義や先進性を自画自賛する。有名なのは、二〇一八年の国連でのネタニヤフ首相（当時）のスピーチである。「女性がしばしば所有物と見なされ、少数派が迫害され、同性愛者らが絞首刑にされている中東において、イスラエルは、自由と進歩の輝かしい模範として、際立っています。皆さん、私は私の国、イスラエルを代表していることに、これ以上ない誇りを感じています」[9]。ネタニヤフ首相の用いたレトリックでは、イスラエルが自由と進歩において他に際立っていること、それは女性と同性愛者らがいかに扱われているかという点に表れているということが強調されている。他にも、右派リクードに所属し、ゲイを公表している国会議員であるアミル・オハナは、二〇一六年に同性愛者の権利向上が進まない現状に対しこのように述べている。「彼ら彼女ら（イスラエル人の同性愛者ら）は自分の国（イスラエル）では結婚も、（代理出産を通じて）子供を産むことも、パートナーが亡くなった場合パートナーの後見人になることもできない。そしてそれは彼ら彼女らが国家に敵対的だったり、軍務につかなかったり税を払わないことが理由なのではない。彼ら彼女らがゲイかレズビアンであるからだ[10]」。オハナの発言の中では、「軍務につくこと」や「税を払う」ということを引き合いに、ゲイやレズビアン等が国家にとって望ましい国民の一部であることを強調し、さらにその時、国家に敵対的な人々、すなわちパレスチナ人のことを暗に引き合いに出している。

イスラエルのSOGIをめぐる政治

それでは、イスラエルではどのようにSOGIをめぐる政治が進んできたのであろうか[11]。イスラエルでは、一九七五年にイスラエル初とされる性的マイノリティに関する団体「ハ＝アグダ」が設立され、草の根レベルで性的マイノリティの権利向上を求める運動が始まった。この草の根レベルの動きが本格化するのは一九八〇年代後半から一九九〇年代にかけてである。一九八八年に、イギリス委任統治領のいわゆる「ソドミー法」の名残として残っていた男性同士の肛門性交を禁じた法律が正式に改正・撤廃された。さらに一九九二年には労働機会均等法の改正に伴い、職場における性的指向に基づく差別の禁止が明記された。他にも、一九九四年には最高裁判所が同性カップルの事実婚レベルでの異性カップルと同等の権利を確認した。これらのいくつかの重要な法改正に加え、性的マイノリティの権利向上を求める運動も拡大・主流化してゆく。一九九七年、エルサレムには当事者支援のための施設運営を行う「エルサレム・オープン・ハウス」が発足した。翌年には、テル・アヴィヴ・プライドが開催された。これ以前にもテル・アヴィヴでは草の根のレベルで行進イベントが行われていたが、テル・アヴィヴ・プライドとして組織化されたのはこの時が初めてであったと言われている。

二〇〇〇年代もこの拡大傾向は継続されてゆく。二〇〇二年にエルサレムでエルサレム・プライドが行われた。他にもハイファやエイラト等、各地でプライド・イベントが行われるようになった。さらに運動の手法もそれぞれの分野に特化した団体に細分化してゆく。二〇〇二年には若者支援に特化したイーギーや、シェルターの運営を行うベイト・ドロールが、二〇〇四年には教育と意識向上を目指すホシェンが、二〇〇五年にはユダヤ教内のレズビアン支援を行うバット・コル、二〇〇六年には、ユダヤ教の性的マイノリティ支援を行うハブルタ、二〇〇七年には宗教的なゲイ男性の支援を行うホッドが設立された。

この二〇〇〇年代、エルサレムとテル・アヴィヴという二大都市は対照的な軌跡をたどることとなる。テル・アヴィヴ市は、二〇〇八年にＬＧＢＴセンターを設置し、市として性的マイノリティへの積極的な支援の方針をより明確にしていった。これ以降テル・アヴィヴ市は開かれて、世俗的、多様性を称揚する「ゲイ・シティ」としての発展を遂げることになる。一方、エルサレムでは、二〇〇五年にエルサレム・プライドにユダヤ教超正統派の人物が乱入し、刺傷事件を起こし、負傷者を出した。これ以降エルサレム・プライドは警察の警備のもと厳重に行われるようになった。この犯人は一〇年の禁固刑を終えた二〇一五年に再びエルサレム・プライドに乱入、一名が死亡する刺殺事件を起こした。さらに、二〇〇五年には、ワールド・プライドというキャンペーンと連動し、エルサレムでワールド・プライドを行おうとしたところ、エルサレムの超正統派コミュニティをはじめとした宗教コミュニティからの強い反対に遭い、一年間延期された。だが翌年はイスラエルのレバノン侵攻により兵士の数が不足、結果的にセキュリティが保てないとの理由から、エルサレム市から中止が発表された。イベントの主催者は関連イベントを行ったが、行進はキャンセルされ、代わりに一一月に行進イベントが開催された。この他にも、毎年行われるエルサレム・プライドは、主にユダヤ教超正統派や宗教派と呼ばれる人々からの反対運動に晒され、開催には現在も緊張感が漂う。

二〇一〇年代はプライド・イベントがさらに多くの都市で開催されるようになるなど、全体として一九九〇年代以来の拡大傾向を踏襲している。特に二〇一〇年代は、社会的影響の大きい分野で要職につく当事者の登場が顕著であった。セクシュアリティを公表した当事者国会議員は、二〇〇二年にメレツ党から繰り上げ当選したウズィ・エヴェンに加え二〇〇九年にはメレツ党からニツァン・ホロヴィッツ、二〇一三年には労働党からイツィク・シュムリ、二〇一五年にはリクード党からアミル・オハナ、二〇一九年には青と白党からエイタン・ギンズベルグ、イェシュ・アティードからイダン・ロール、ヨライ・ラハヴ＝ヘルツァヌと次々に当選している。また、司法面では、二〇一一年にゲイを公表した当事者として初めて、テル・アヴィヴ地裁判事にドリ・スピヴァクが任命された。イスラエル国防軍では二〇一五年、ゲイを公表した当事者として初めて、ＩＤＦ第二位のポジション（アルフ）にシャロン・アフェクが任命された。これらの当事者がすべてゲイ男性である点にイスラエル型のホモノーマティヴィティがよく現れている。

こうした当事者の可視化の推進に少なからぬ影響を与えてきたのが、ポップ・カルチャーにおける有名人のカミングアウトである。最初期にセクシュアリティを公表した歌手に、イヴリ・リデルがいる。また、活動家でありジャーナリスト、及びＴＶパーソナリティであるガル・ウホヴスキは、早くからセクシュアリティを公表してきた（なお、二〇二二年現在ウホヴスキは複数の性的暴行の容疑を受け裁判中である。このことは、イスラエルのゲイ・コミュニティの #MeToo ムーヴメントと受け止められた）。また、後述のダナ・インターナショナルのプロデュース及びＤＪを行ってきたオフェル・ニスィムは、テル・アヴィヴの音楽シーンに重要な役割を担ってきた。他にも、ＴＶパーソナリティのアスィ・アザルや、二〇一〇年にゲイを公表したハレル・スカアト、二〇一五年にバイセクシュアルを公表したラン・ダンケル、二〇二一年にレズビアンであることを公表したサリット・ハダドなどがいる。

ポップ・カルチャーと言えば、ユーロヴィジョンも欠かせない。一九九八年のユーロヴィジョンで、イスラエル出身の歌手ダナ・インターナショナルの曲「Diva」が優勝したが、これはユーロヴィジョン史上初のトランスジェンダーを公表したアーティストの優勝であった。

このように、イスラエルでは一九九〇年以降、ＳＯＧＩをめぐる政治に関し、運動の拡大と当事者の可視化という二つの大きな変化があった。しかしこれらの展開と同時に、バックラッシュも起きるようになった。先ほど述べた通り、エルサレムでは、二〇〇五年と二〇一五年に刺傷事件が起き、死者も出している他、二〇〇九年にはテル・アヴィヴの性的マイノリティに関する団体の事務所に何者かが銃を乱射し二名が死亡するという事件が起き、当事者コミュニティを震撼させた。さらにこの犠牲となった二名の報道をめぐり、アウティング（自らの意志に沿わずにセクシュアリティが暴露されてしまうこと）が深刻な問題として取り上げられた。

パレスチナのＳＯＧＩをめぐる政治

パレスチナ人支援を行う、あるいは現在のパレスチナ自治政府領内で活動を行う性的マイノリティの団体に関しては、二〇〇一年に、エルサレムにあるコミュニティ・スペースであるエルサレム・オープン・ハウスの中の草の根レベルの団体として始まったのが初めてである。この草の根の団体は、二〇〇七年にアラビア語の虹を意味する「アル・カウス」という名前で、正式に活動を本格化させた。アル・カウスは、エルサレムやラーマッラーを中心に、グリーン・ラインから見てイスラエル側に住むいわゆる「イスラエル・アラブ」や東エルサレムのパレスチナ人、それからヨルダン川西岸地区に住むパレスチナ人を主に対象として、当事者コミュニティの育成や支援活動を行っている。また、二〇〇三年には、フェミニスト・クィア・パレスチナの三つの要素を掲げる「アスワート」という団体がハイファで結成され、現在も活動を行っている。

これらの団体は、草の根のレベルでパレスチナ人の性的マイノリティ当事者支援を行っているが、パレスチナ自治政府からの圧力に面してきた。二〇一九年に、テル・アヴィヴにある当事者の避難場所であるシェルターの外で、ハイファ近郊のタムラ出身のパレスチナ人トランスジェンダー当事者が刺殺される事件が起こった。これを機に、二〇一九年八月二日にハイファで、パレスチナ社会における、性的マイノリティに対する暴力への反対やSOGIに基づく差別の解消を訴える、パレスチナ人による初のデモンストレーションが行われた。さらに、アル・カウスは、これに関連して、ヨルダン川西岸地区内北西部に位置するナブルスで追悼イベントを行った。

このアル・カウスの活動に対し、同年八月一七日にパレスチナ自治政府の警察からそれを取り締まる旨の宣言が発出される事態となった。その宣言によると、アル・カウスはパレスチナの伝統的価値観を損なう「外国勢力」であり、「疑わしき」活動は報告するよう、現地の人々に要請するものであった。

このパレスチナ自治政府の警察からの強権的な圧力に対し、アル・カウスは即座に反応し、他の草の根の人権団体と連携しながら、八月一九日に声明文を発出した。その声明文によると、アル・カウスが、「外国勢力であるというのは根拠がなく、真実でない」ということ、さらに、アル・カウスは「二〇〇一年以来歴史的パレスチナのすべてで活動するパレスチナの反植民地主義組織であり、家父長制的、資本主義的、植民地主義的抑圧に挑戦する。我々は、ジェンダー・セクシュアリティの多様性の問題を議論するプログラムと場を創造するために、数十ものパレスチナ市民社会組織と協働してきた。二〇年にわたり、アル・カウスは解放されたパレスチナに向けた我々のヴィジョンの一部として、ＬＧＢＴのパレスチナ人に対する社会的暴力と同様イスラエルの占領の暴力とも根気強く戦おうと努力してきた。植民地的障壁と迫害の脅威にかかわらず、セクシュアリティ・ジェンダーの多様性に関する議論を広げるべく今後も活動を続けてゆく」と反論した[12]。最終的に警察は活動禁止を取り下げたものの、これらの団体の活動を委縮させ、脅威を与えるには十分なやり取りであった。このように、これらの団体は、パレスチナ社会からの根強い排除に直面していることが分かる。

さらに、声明にもあるように、これらの団体にとってイスラエルによる占領も、ＳＯＧＩと同様に重要な問題である。アル・カウスやアスワートは、テル・アヴィヴ・プライドなど、毎年行われるイスラエルのプライド・イベントに対しボイコットを表明しており、これらの性の多様性を祝う一連のイベントは、イスラエル政府によるピンクウォッシングを正当化し、占領をノーマライズするものであると批判している[13]。パレスチナ系の性的マイノリティの団体は、パレスチナ社会からの排除とイスラエルによる占領と抑圧という二重の要因の中、苦境に立たされている。

イスラエルとパレスチナの性をめぐる政治は、「LGBTフレンドリーなイスラエルvs同性愛嫌悪的／トランス嫌悪的なパレスチナ」という単純な図式だけでは語ることはできない。なぜなら、SOGIをめぐる政治すなわち性の政治は、「誰の人生が生きやすくさせられているか」に関わるまさに「生の政治」でもあり、そこにはイスラエルとパレスチナの占領、軍事主義、ナショナリズム、国民国家の問題が不可分な形で関わっているからである。

（1）レインボーリール東京（旧：東京国際レズビアン&ゲイ映画祭）のウェブサイトのアーカイブを利用して筆者が調べた。第30回レインボーリール東京「過去サイト」、https://rainbowreeltokyo.com/2022web/archive_jp/。

（2）駐日イスラエル大使館「東京レインボーパレード2013　イスラエル大使館公式参加」、https://embassies.gov.il/tokyo/NewsAndEvents/calendar-of-events/Pages/From-Israel-with-pride.aspx。

（3）ドリアンロロブリジーダ「Durian Lollobrigida（ドリアン・ロロブリジーダ）― Mayim Mayim（マイムマイム）」、https://www.youtube.com/watch?v=tnzo29w_mB4。

（4）Feminism and Lesbian Art working group「東京レインボープライドへの質問：イスラエル大使館のブース出展と出展基準について」、https://feminism-lesbianart.tumblr.com/post/117076588436。

（5）Jasbir Puar, *Terrorist Assemblages: Homonationalism in Queer Times* (Durham and London: Duke University Press, 2007).

（6）Lisa Duggan, *Twilight of the Equality?: Neoliberalism, Cultural Politics, and the Attack on Democracy* (Boston: Beacon Press, 2003).

（7）Puar, *Terrorist Assemblages*.

（8）Jasbir Puar, "Rethinking Homonationalism," *International Journal of Middle East Studies* 45, no. 2 (2013) : 336-339.

（9）The Times of Israel, "'What Iran Hides, Israel Will Find': Full Text of Netanyahu's UN Speech," September 27, 2018, https://www.timesofisrael.com/what-iran-hides-israel-will-find-full-text-of-netanyahus-un-speech/.

（10）Harkov, Lahav, "Netanyahu voices support for gay rights on Knesset LGBT Day," *The Jerusalem Post*, February 23, 2016, https://www.jpost.com/israel-news/netanyahu-voices-support-for-gay-rights-on-knesset-lgbt-day-445867.

（11）以下、イスラエルのＳＯＧＩをめぐる政治については、Ha-Agudah Lema'an Ha-Lahata"b Be-Yisra'el, "Ha-Hisṭoryah Ha-ge'ah Ba-'Arets," http://www.portal.lgbt.org.il/files/articles/files/ x_לשאר_של_הגאה_הדעמה_הרכבות_בארץ_הגאה_ההיסטוריה.pdf を参考にした。

（12）AlQaws, "AlQaws Response to the PA Police Statment," August 18, 2019, http://alqaws.org/articles/AlQaws-response-to-the-PA-police-statment?category_id=0..

（13）AlQaws, "BOYCOTT TEL AVIV PRIDE 2016," May 28, 2016, http://www.alqaws.org/news/BOYCOTT-TEL-AVIV-PRIDE-2016?category%3C?show%20[CSF%20char=.

第5章

パレスチナの歴史的鏡像としての在日朝鮮人

私が私たちになるために

中村一成

進歩はあらかじめ決定されているものではなく、むしろ闘争を通じて結束した人々の集合的な想像力の産物である（……）

――アンジェラ・デイヴィス(1)

カルカッタ出身の文学者、ガヤトリ・C・スピヴァクは、一九九六年の来日時に大阪で受けたインタビューで、「アジア大陸にはその両端に二つの不条理がある」と語っている(2)。

二つの不条理、それはイスラエルと日本を意味する。歴史的責任を認めず、共に生きるべき隣人を頑強に拒み、「西洋」の一員たることを欲する。何よりも特定の人種、民族的集団を「敵」「悪」「劣なる者」などと措定し、「何をしてもいい、どんな目に遭わせてもいい存在」とする発想、まさに剥き出しのレイシズムを国家の「背骨」とする点で、両者は大陸の両端で相似形を成す。

措定された集団とは、イスラエルの場合はパレスチナ人であり、日本の場合は朝鮮人と在日朝鮮人。本稿では紙幅の都合上、言及できないがアイヌ、沖縄人などだ。二〇年前に初めて占領下パレスチナを訪れて以降、占領地や周辺国の難民キャンプで、私はパレスチナ人との出会いを重ねてきた。

二つのレイシズム国家に「根こぎ」にされた二つのディアスポラ集団は、歴史的鏡像関係にある。一方のルーツが朝鮮である私にとって、パレスチナ人を知ることは祖父母らの生きた世界を目の当りにすること。在日朝鮮人を取り巻く不正に抗い、書き語り続けるとは、パレスチナの人々に思いを馳せて闘いを共にすること、自らの想像力を鍛え上げ、世界各地で歴史的不正に抗う者たちと分かち持てる「社会像」を構築する作業に他ならない。

なぜパレスチナに関心を持ったのか、現地で何を感じたか、イスラエルと日本にどのような共通点を見たか、そこから日本社会に何を伝えたいと思ったか——。初訪問、さらにはそれ以降の記憶と対話しながら、これらについて記したい。

「非・国民」への関心

私が初めてパレスチナに赴いたのは二〇〇二年四月。同年九月には隣国のレバノンを訪れ、国内にある複数の難民キャンプを訪れた。ヨルダン川西岸自治区での分離壁建設が本格化する少し前、ガザでの虐殺が「恒例化」する以前のことである。

当時、私は新聞記者七年目だった。出自に育まれた問題意識で、初任地の高松、続く京都支局と、一貫して在日朝鮮人や移住者ら、在日外国人を取り巻く様々な人権問題と、その原点にあるこの国の、贖われぬ歴史的責任に関する問題をテーマに取材と執筆を続けていた。

癒されぬ傷を抉って、「性奴隷」時代の体験を訴えたハルモニたちの涙と怒り、ふとした拍子で暴れ出す彼女たちの記憶の熱は、今も私の脳裏に焼き付いている。人身売買でタイ東北部から渡日、強制売春から逃れるために「所有者」を殺めた女性被告には、支援者として面会を繰り返した。日本語が自明とされていた当時の法廷で、一番の当事者でありながら情報から疎外されていた彼女の不安げな眼差しに、私は非識字者の一世である曾祖母や祖母の姿を重ねていた。

バブル景気時代、労働力不足の穴埋めで「輸入」された「日系人」たちにも出会った。「血統」を基準にした、レイシズムそのものの「入管政策」である。彼彼女らの子どもの中には、公教育という「心身ともに健康な国民の育成」（旧「教育基本法」）を目的とする場に馴染めず、ドロップアウトする者も少なくなかった。「日本人」を自明とした教育制度が、子どもから教育を受けるという普遍的権利を奪うのだ。ある有名企業は、中国人「研修生」の外国人登録証明書（当時）を取り上げて働かせていた。朝鮮人管理策で始まった外国人登録法（二〇一二年、「出入国及び難民認定法」に吸収される形で廃止）の「常時携帯義務」を悪用した「逃走防止策」だった。

敗戦の破局を経ても、植民地支配と侵略の思想的資源である天皇制と人種差別を克服の対象とせず、逆にそれを再編し、「単一民族神話」の支えにしたこの国は、共生とは対極の社会を作り出し、外国籍住民には基本的人権すら保障しようとしなかった。そして加害の歴史を否認し、開き直ってきたこの国には、敗戦後半世紀を経た当時も今も、形を変えた「慰安婦」と「徴用工」がいる。

一九七〇年の日立就職差別裁判闘争を嚆矢とした反差別、人権伸長運動の積み重ねで、私が駆け出し記者だった九〇年代には、公務員採用での国籍要件を緩和する自治体も増えていたが、社会に染み付いた意識は易々とは変わらない。何より国が「国籍差別」を率先しているのだ。

市議会で、「国籍こそ忠誠のあかし。公務員になりたければ『帰化』すればいい」と言い放つ首長もいた。自衛官出身の彼は、外国籍者の権利伸長に歪んだ危機感を持っていた。外国人に権利を認めれば、国が危険に晒されるとの妄想である。父母の離婚で父の配偶者ビザがなくなり、退去強制を迫られた子どもの支援運動にも立ち会った。人がそこで生を営むことを当局の「許可」とする。「歓待の義務」（カント）とは対極の姿勢である。人種差別を法律で禁止しないこの日本、外国人の処遇を人権の物差しで考える根拠がないこの国において、在日外国人の最高法規は「憲法」ではない。「出入国管理及び難民認定法」なのである。

加えて当時、歯軋りしたのは、外国人差別「以外」の人権問題に取り組む活動家の中でも、「国籍」による排除、権利制限が「差別」であると理解され難いことだった。公営住宅など社会保障の国籍条項について、ある部落解放運動の活動家が、「それは差別やなくて区別や」と返した時の崩れ落ちるような感覚は、今も膝が覚えている。国籍による排除、制限は「差別ではなく合理的区別」——。この屁理屈は、取材への回答や法廷で幾度も耳にした当局の常套句だった。

そしてこの国民と非・国民との権利格差は、かつては世界的に共有された国民国家の常識でもあった。人種差別撤廃条約も一条二項に「この条約は、締約国が市民と市民でないものとの間に設ける区別、排除、制限又は優先については、適用しない」と明記している。国家の集合体ゆえの「国家主権」に対する配慮もあるが、何よりそれは条約が採択された一九六五年時点の一般的認識だった。人種差別撤廃委員会が、「市民でない者に対する差別に関する一般的勧告三〇」を出し、参政権など高度に政治的な権利以外は、市民権の有無に関係なく「平等を保障する義務を負う」と宣言したのは二〇〇四年だ。「国民国家」は常に外部を作り出す。極めて恣意的に付与し、奪われてきた歴史を持つ「国籍」が、人の基本的権利を否定する「理由」として機能している。国内の「非・国民」との出会いで漠然と考えたのは、人権とは、国民の外にいる彼彼女らからこそ展望しなければいけないということ。それが「庇護国家を持たぬ存在」への関心を膨らませていった。

初めてのパレスチナ訪問

そんな折、現代アラブ文学研究者の岡真理がパレスチナ訪問を持ちかけてきた。
二〇〇二年春、第二次インティファーダの最中である。第三次中東戦争で始まったイスラエルによる西岸やガザの占領は当時、三五年に達していた。エドワード・W・サイードがその長さと不当性を「日本の朝鮮支配に並ぶ現代史上最長の占領」と評した文章を読んでいたことも、彼の地と、そこで暮らす者たちに対する関心を高めていた。

「はじまりの不正」が問われた時期でもあった。二〇〇一年、南アフリカのダーバンで開かれた国連主導の「反人種主義・差別撤廃世界会議」である。会議では、レイシズムを全世界にまき散らした奴隷貿易と植民地支配について、アフリカ、中東諸国が欧米に謝罪と補償を求め、欧米が激しく反発。加えて中東諸国からは、会議宣言に「シオニズムはレイシズムの一形態」と明記するよう求める声が出た。実はこの一文は、一九七五年の国連総会で決議三三七九号として採択されたが、一九九一年に撤回された文言だった。国際社会の力学で消された一言の「復活」を求めたのである。イスラエルとアメリカは「退席カード」を切った。

宣言は結局、奴隷貿易や植民地支配に対して、道義的責任は認めるが法的責任はないとの内容に着地、シオニズムへの言及はなかった。骨抜きと言えばその通りだ。しかし、「人道に対する罪」の下手人たちが力を持つ「国連」が主導した世界会議で、奴隷貿易を「人道に対する罪」と認めさせたのも確かだ。そして国連の分割決議を起源とするパレスチナ問題を巡り、シオニズムがレイシズムの一形態と再び指弾されたのである。「バンドン会議」から四六年、次に繋がる場でもあった。

だがそれは宣言三日後の九・一一で大幅な後退を余儀なくされた。「対テロ」が理性を押し流し、監視・管理の制度化が加速、「安心・安全」が「人権」を凌駕していく。「テロリストの側につくか、我々の側につくか」。ブッシュの恫喝は、レイシズムが世界を覆い尽くす時代の号砲だった。「特攻作戦」を実行した者たちの狙いが世界の「破壊」であるならば、それはかなりの部分において叶った。「世界最悪のテロ国家」（N・チョムスキー）が掲げた「対テロ戦争」に乗じて、犯罪国家の数々は自らの暴力を一層過激化させた。パレスチナもその舞台だった。イスラエル軍のパレスチナ自治区への侵攻は激化し、「自爆」による無差別殺人という絶望的な抵抗が続く。日本の新聞、テレビはそれを「暴力の連鎖」と呼び、両者の暴力をまるで「等価」のように報じていた。

パレスチナ到着は四月二八日未明。投宿した東エルサレムのホテルには、各国から来た多くの報道関係者が泊まっていて、朝食会場は情報交換の場だった。「一発」を狙う者たちの独特の臭気を思い出す。自分を通してハマースに取材依頼すれば、「次の自爆テロ予定者にインタビューできる」と持ちかけてくる者までいた。記者にはライター（文章家）とハンター（ネタ取り屋）がいると言うが、ここに屯する者たちの多くは、「他者」の死と生活の破壊に群がる狩猟者に他ならなかった。

この日の訪問地はヨルダン川西岸の町、キリスト生誕の地と言われるベツレヘムだった。イスラエルで一八歳の女性が行った「自爆攻撃」への報復として、四月一日、イスラエル軍はベツレヘムに侵攻、この日も町は戒厳令下にあった。

目的地の中心部に近づくと、タクシーの運転手が車を停めて後部座席の私たちに言う。「ここから先は軍がいる。私はもう行けない」。フロントガラスの弾痕が彼の言葉に説得力を与える。車を降りて、中心部に向かう。戦車がキャタピラ音を響かせて目の前を横切っていく。

一帯には外出禁止令が出ていた。道の両脇に聳えるビル上階の窓は開け放たれ、土嚢が中ほどまで積み上げられていた。中にはスナイパーがいる。アラブ人とは違う顔立ちゆえ、昼間に私が撃たれる可能性は低い。いわばレイシズムの「恩恵」だが、撃たれない保障はどこにもない。何かの弾みで爆発しそうな空気の中、案内役との待ち合わせ場所であるホテルまで、人っ子一人いない道を歩く。

通りでは回収できないまま乾燥した生ゴミが風で宙を舞い、破壊された給水タンクが転がっている。路面は戦車のキャタピラで踏み荒らされている。海外からの支援を受け、自治政府が積み上げてきた社会資本が徹底的に破壊されている。パレスチナ国家否定の明け透けな意志だった。

バリケード代わりに装甲車が横付けされたホテルに入ると、一階ロビーではM16を下げたイスラエル兵が屯していた。ホテルはイスラエル軍が占拠し、最上階の五階から、当時、追い詰められたパレスチナ人が立てこもっていた聖誕教会を監視していた。一階は待機組のようだ。暇つぶしのように、何度も私にＩＤの提示を求める者もいれば、M16でフラフープをする兵士もいる。

案内役は共にパレスチナ人の青年、アウニー・ジュブラーン（当時三〇歳）と、バーシム・スベイハ（同二八歳）だった。働きたくとも仕事はない。当時彼らは海外から来た取材者のアテンドやスケジューリング、さらには自らの撮影映像を報道機関に売って、僅かな糧を得ていた。

トイレに行ったアウニーが、戻り際、一人のイスラエル兵と何やら言葉を交わしていた。「何を話したの？」と訊くと、鋭い目つきでこう吐き捨てた。「『やあ、調子はどうだい』みたいな他愛もない話だよ。問題なく仕事をやるためにイスラエル人への感情は置いておくんだ」。

二人は戒厳令下の街を案内してくれた。時おり目にする車は軒並み後部の窓にガムテープで「TV」と記してある。「報道」と称すれば撃たれないとの「知恵」だが、多くの車は、それでもフロントガラスなどに銃撃痕がある。お邪魔した民家では、入植地方面に向いた二階ベランダに十字架を掲げていた。キリスト教徒なら入植者も無差別に撃ちはしないのではとのアイデアだが、壁の至る所に銃撃の痕があった。パレスチナ人であれば「標的」なのだ。出会った人々の多くが、親族や友人、知人を失っていた。アウニー自身この二日前、取材中だった友人が目の前で殺されたという。

「血塗れになった死体を前に、俺は泣き叫ぶべきなのか、仕事に徹してカメラを回すべきなのか分からなかったよ」。そして感情を露わにこう言った。「ここでは人が殺され、家が破壊されるのが日常なんだよ。俺たちは平和と自由を求めて闘っている。でも平和がどういうものか想像ができない。生まれた時からここは占領され、暴力が日常だった。君たちにとっては明白なのかもしれない。でも俺たちは分からない。教えてくれよ。平和とはどんなものか。自由とは何なのか……」。

一九六七年の占領開始以来、そこは軍事占領下、超法規的な暴力が罷り通る場だった。アウニーはもちろん、六七年以降に生を受けた者は、本稿を執筆している二〇二二年一一月現在に至るまで、自由や平和、平等な社会を体験していないのだ。

「占領の暴力」が奪うもの

翌日、赴いたのは大規模な軍事侵攻があったジェニンだった。攻撃の「理由」は、エルサレムでジェニン出身者が自殺攻撃をしたことだ。「報復」の侵攻は国際法が禁じる集団懲罰である。

タクシーでハイウェイを飛ばし、西岸北部の難民キャンプへと向かう。車窓から流れていくベージュ色の小山の連なりは、轆轤《ろくろ》に乗った粘土の塊を思わせる。山肌には放牧された家畜と共に、トタン屋根の粗末な小屋が並ぶ。かつて日本国内に点在していた「朝鮮人部落」を思わせるバラックは、牧羊者たちの家だった。

路肩には、ダビデの星がこれ見よがしにはためく。右手にはヨルダン渓谷が広がる。地雷が布設してある緩衝地帯を挟み、有刺鉄線が延々、数百キロも続く。沖縄を思わせる光景だった。

数時間後、ジェニンに到着した。難民キャンプの手前には、ひときわ大きな国旗が揺らぐ検問所があり、イスラエル兵に旅券を提示、尋問を受ける。自らが生み出した「テロの恐怖」に慄き、パレスチナ人の抑圧に全力を傾注する様は、まさに「シオニズム（＝レイシズム）の奴隷」だった。

ジェニン難民キャンプは、イスラエル建国の一九四八年に難民となった人たちが暮らす。一キロ四方に約一万五〇〇〇人が密集（当時）していたこの地は、私たちが訪問する前、四月二日から八日間、集中砲撃を受け、遺体が確認されただけで五二人が殺された。多くは一般人だった。

キャンプに近づくと、瓦礫を運ぶ大型車やトラクターが絶え間なく行き交う。黒焦げになった家屋は商店で中にはシャヒード（殉難者）のポスターがびっしりと貼ってある。中にはサダム・フセインやオサマ・ビン・ラーディンの顔もある。血塗れのベッドの傍で、子どもの遺体を抱く母親の写真には、「奴らは子どもを殺した。あなたは知らなかったと言うのか」と英語で記されていた。

案内役を買って出てくれた、現地の医療NGO「パレスチナ救急医療委員会」のボランティア、サーミー・スバイネ（当時三〇歳）とキャンプ内を歩く。目立つのは若い世代の姿、手持無沙汰な姿が閉塞感を醸し出す。占領政策で自治区内には産業が育たない。いきおい人々は占領者の側に職を求める。第二次インティファーダが起きる二〇〇〇年九月までは、自治区から日に約一〇万人がイスラエル領や入植地に「出稼ぎ」に行ったと推計されるが、第二次インティファーダ以降、イスラエルは労働市場からパレスチナ人を締め出した。「国際労働機関（ILO）」の調査によれば、当時の失業率は七割にのぼった。

「これを住民たちに配らないといけない」。サーミーが差し出したチラシを見ると、大きなドクロを中心に、ベッドに横たわる子どもたちの写真が並べられ、「不発弾に注意」との文字が書いてある。まだまだ埋まっているのだ。壁が崩れたり、傾いて住めなくなった家々のうち、赤と白のテープで囲まれているのは、不発弾処理が済んでいないことを示している。

私たちが向かったのは、四日前に再開された学校である。ちょうど午後の部の登校時だった。私が肩に提げたカメラを見つけると、青と白の縦縞の制服を着た女子生徒が集まり、Vサインを作ってフレーム内の好位置を奪い合う。「アラビア語はできるの？」。矢継ぎ早の質問にタジタジになっていると、見かねた先生がピシャリと言う。「あなたたち、いい加減にしなさい」。やむなく踵を返した彼女たちだが、名残惜しそうに幾度もこちらを振り返り、笑顔でVサインを繰り返す。

学校は「国連パレスチナ難民救済事業機構（UNWRA）」が運営している。「教科書もノートもない。子どもは精神的に傷ついているが、一、二か月あれば乗り越えることができる。私達は負けない」。校長のアブドル・カリーム・ラーフィア（当時五五歳）は話した。侵攻時、校舎内を占拠したイスラエル軍は、学校のコンピューターや通信機器などを軒並み破壊していた。歴史の証人であり、同化を拒む者たちが「知」を得る被抑圧者たちの学校。そこに対して抑圧者が抱く憎悪と畏怖は、「在日朝鮮人」を育てる場である朝鮮学校を執拗に攻撃する日本政府に通じていた。

インタビューの間にも、教員たちが入れ替わり立ち代わり校長室に来て、出席状況を報告する。ジェニンでUNWRAが運営する学校は、男子三、女子二の計五校。当時は中高生ら約五〇〇人が在籍していた。「ここも再開時には二〇人程度しか来なかったけど、今ではほぼ全員出席しています」。自らを鼓舞するように語った校長の笑顔を思い出す。校長だけではない、厳しい状況下でも教員たちは明るかった。ここが「未来」を作る場だからと思う。民族学校の爽やかさにも通じた空気だった。

学校門の前には屋台があり、ファラーフェルが売られていた。校庭では男子生徒がサッカーをしていた。やはり何人かが私に歩み寄り、撮影を求める。カメラを向けると、いかにもおしゃれそうな男の子が、一〇センチほど垂らした前髪を急いで掻き揚げてポーズをとった。

校外に出ると、空き地に国連が用意したミントグリーンの緊急テントが並んでいた。一九四八年に故郷を追われた者たちが、半世紀かけて築き上げてきた生活は粉々に破壊され、再びテント暮らしになった。それでも人生は続く。人々は生活の再建に向けて動き出していた。キャンプに足を踏み入れて以来、感じていた息苦しさが、少しだけ和らいだ。

そんな時だった。向こう側から子ども達の一群が、何かを大声で歌いながら練り歩いてきた。黄色や赤の服を着た、おそらくは小学生から中学生くらいの一〇人ほどの子どもたちは鉄パイプで拵《こしら》えた担架を担いでいた。上には子どもの一人が横たわり、その上には、ハマースの旗を模したのだろう、緑の布がかけられている。叫んでいる言葉は殉難者の葬儀で繰り返される、「アッラーホアクバル（アッラーは偉大なり）」のフレーズ。「シャヒードごっこ」だった。彼らが近づくにつれ、動悸が高まった。

私たちの少し前に来ると、子どもたちは担架を高く上げ、地面に投げ落とす動作を繰り返した。砂埃が巻き上がり、最初は笑顔だった「殉難者」役の少年が堪らず担架から飛び降りた。すると何人かがその子を押さえつけ、蹴り上げたのだ。呆然と見ていると、少年の一人と目が合った。彼は煙草をせびるジェスチャーをしながら、手にした鉄パイプで地面をガンガン叩きながら近づいてきた。

慌てて間に割って入ったのはサーミーだった。子どもをなだめて引き下がらせた後に彼が見せた、切なげで、悲しみと恥ずかしさが滲んだ表情を思い出す。「自分は負けない」との意思表示、何よりも自らにそう言い聞かせるように、カメラを向けると常に笑顔を作ってフレームに納まった彼が、あの時はまるで違う表情をしたのだ。「葬儀」を終えた子どもたちは、今回の侵攻の殉難者らを葬ったと思われる集団墓地に集まり、木陰に座り込み、何人かは煙草を吸い始めた。

振り切るようにその場を去り、キャンプ中心部に向かう。住宅地に入ると、二人の子どもが近づいてきて、彼らの背丈よりも長い角材で地面を指す。見ると路面に砲弾がめり込んでいた。肖像写真を求められてカメラを向けると、彼は掌をこちらに向けて「少し待って」の身振りをし、道路脇に寄せ集められた瓦礫に駆けて行くと、その中から持ってきた何かを手にポーズをとった。彼が「ハレ」の場に携えた小道具は手榴弾の破片だった。子どもたちは、街中に貼られたシャヒードのポスターを意識していた。ここで生きる限り、やがて来るかもしれない自らの未来を見ていたのだろうか。暴力は、最も柔らかく、弱い存在に浸透していく。

自治区へブロンを拠点に、パレスチナ人の職業訓練などに取り組んでいるNGO「国際パレスチナ青年同盟」がこの頃、へブロンのパレスチナ人学校八校で一二から一六歳を対象にアンケート調査をした。「将来」の夢を訪ねたところ、九割以上の子どもが「イスラエル人」、あるいは「ユダヤ人」、「シャロン」を殺害し、「シャヒードになる」と答えたという。

この時の訪問でインタビューしたパレスチナ・カウンセリング・センターのラナ・ナシャシビ所長はこう言っていた。「子どもたちの寄る辺のなさは、不正義が世界に正されないと言う救いのない状況から来ています。これだけの人が殺され、世界に発信されていながら、国連の調査すら行われない。子どもが日々、目にしているのは、正義ではなく、力がすべての価値観なのです」。

家を奪い、土地を奪い、日常を奪い、命を奪う。そして常態化したヘイト暴力がパレスチナの子どもから奪っているのは、世界への「信頼感覚」であり、生きるための「展望」だった。「自分は自分であることを『理由』に攻撃はされない」「苦境に陥れば誰かが助けてくれる」「理不尽な暴力は許されない」「加害者は公平、公正に裁かれる」「この世界で自己実現できる」――。これら欧米や日本社会のマジョリティーには当たり前かもしれない前提が、ここでは自明ではない。

私がダブルルーツとしてのアイデンティティに悩んでいた時代、数々の示唆を頂いた一人に、歴史学者の朴鐘鳴（故人）がいる。「在日朝鮮人であるならば、パレスチナの人々と彼らが置かれた境遇、その解放を目指す闘いに限りない共感と信頼、尊敬の念を持つと私は確信している」と常々語った彼は、私にとって、徐京植や李恢成のように、私の想像力を大陸の東端に飛翔させてくれた一人でもある。幼い時分、街の「ゴロツキ」として名を売った朴鐘鳴が、繰り返しこう述懐したことを思い出す。「中村さんね、人間にとって何が一番怖いと思いますか？　私はね、それは展望がないことだと思うんですよ。先が見えないことは人間を恐ろしく荒ませる。その穴に落ち込んだ人間はね、どんな酷いことでもできてしまうんですよ」。

「あなたはその時、何処で、何をしていたのか？」

工事車両が轟音と共に行き交う中、戦車の往来でボコボコになった道路を歩くと、目の前に巨大な灰色の斜面が広がった。キャンプ中心部である。生で見たことのない風景だった。一九九五年に起きた阪神淡路大震災の直後、取材に入った被災地で見た光景の数々を思い起こし、重ねようともしたが、これは大地の力が為したのではない。人間がその暴力で作った瓦礫の海なのだ。

所々で瓦礫が炭鉱のボタ山のように盛り上がっている。軍事ブルドーザーが、自ら踏み潰した家屋の残骸を寄せ集めたのだ。入口にはひときわ高い、三メートルほどのコンクリート片の山がある。一週間に及ぶ包囲攻撃の際、最後まで応戦した人たちの死に場所という。中ほどにはアラビア文字の書いた黄色と白のプレートが設置してある。「抵抗者は残る。破壊にも拘らず」。その上には高さ五メートルほどのハマースとジハード団の旗が立っている。死体が出た場所を示しているのだという。

斜面を登ると、壁がベロリと剥けた家に腰掛け、瓦礫の海を眺める父子と思しき者たちがいた。会釈して通り過ぎると、彼は背後から叫んだ。「広島、長崎と同じだ」。ここはまさにグラウンドゼロだった。そして思った。彼らが広島、長崎を記憶するように、パレスチナ人に降りかかる歴史的破局の数々をその心に刻む者が日本にどれほどいるのかと。

ふと見ると、角材に布をかけたテントの中でお茶を飲んでいる男性が六人いた。「色々あっただろ。起こったことを話してくれよ」とサーミーが声をかけると、テントに招き入れてくれた。

「男は成人と子どもに分けられ、下着姿で連行された。拒めば殴りつける。（腰痛の）コルセットを爆弾と誤解され射殺された人も二人いる」。ビラール・ダマジュ（当時三五歳）が語り出す。彼は占領が始まった年にジェニンで生まれ、育ち、商店経営とタクシーの運転手で口に糊していた。

「侵攻前の暮らし向きは？」と訊くと力なく首を振る。「駄目だ。人々はすべて奪われている。自由も仕事も、子どもが遊ぶところもない。あるのは絶望だけだよ」。飛び交う蠅が煩わしい。手足ばかりか顔にまでとまり、隙あらば口や目に「歩み」を進め、その「口」で舐め回そうとする。蠅にとって私は蛋白源なのだ。こちらの困惑を察した彼は、あえて私が訊かなかったことをボソッと呟いた。

「臭うだろ。まだ下に埋まったまんまなんだろうな」。

ビラールの父（当時六七歳）も会話に加わる。ハイファ生まれの彼にとって、すべてを失うのはナクバ以来、二度目だ。最後の写真撮影は全員が快諾してくれたが、カメラ目線はビラールだけ。彼は仕事で当日は現場におらず、イスラエル軍の連行と取り調べを免れていた。連れ去られた男たちは軒並み、写真撮影は了解してもカメラから顔を逸らした。次の侵攻を警戒してのことなのだろう。彼らは一体、どんな目に遭わされたのだろうか。

そのような状況にあってなお彼らは、私たちにお茶を出し、ビスケットを振る舞ってくれた。「今度はもっといい状態で会いたいな」。別れ際、握手をしてビラールはこう言った。

キャンプを後にして市街地へと向かう。大規模侵攻から二十日余り、通りには露店が出ていた。二メートル四方程度の板の上に、キュウリやアボガド、ニンニク、スイカなどが並ぶ。それまでの異様な光景とは違う生命の鮮やかさに、浮き立つ思いすら覚えたが、妙なことに気づいた。

新鮮でカラフルな農産物が入った木箱に書いてあるのは、いずれもヘブライ文字なのだ。サービスでひよこ豆の束をくれた「店主」の一人に訊いた。「ここの野菜や果物はパレスチナ産なの？」。苦々し気な表情を浮かべ、彼は即座に答えた。「そんなわけないだろ！」。実は並んだ野菜や果物ほぼすべては入植地産、イスラエル人がパレスチナ人から奪った土地で、しかもかつてパレスチナ人を底辺労働力として使って育てた「不義、不当の産物」だった。

高揚感は一瞬で消えた。軍事侵攻で多くの同胞が殺されている渦中でも、パレスチナ人の市場に並ぶのは「イスラエル産」の食材。自らを殺し、奪い、抑圧を続ける者たちの商品を買わなければたちまち飢えてしまう。生きることが不正の甘受、忍従に繋がるという、日常的、恒常的な侮辱のシステムである。私はそこに、一九三〇年代、朝鮮半島から渡日、支配者の社会で底辺労働者として生きた祖父母の姿を重ね合わせずにはいられなかった。

市街地も破壊の跡は生々しかった。電柱が踏み倒されているのは侵攻地の共通点である。電気を使えなくして生活再建を妨害するのだ。家の屋上に据え付けた貯水タンクや、あちこちに設置されたゴミ箱はゲームの的のように撃ち抜かれ、至る所にスプレーでダビデの星が描かれている。まるで暴走族のマーキングだ。自治政府の社会福祉省事務所に入ると、二階は銃撃で穴だらけになっていた。壁に貼られたシャヒードのポスターを射撃しているのだ。徹底的な敵視と憎悪、嫌悪である。圧倒的な武力の差を背景にした一方的な攻撃、構造的な人間蹂躙のシステム、占領と植民地主義の被害と害悪、歴史の否認、教育という継承制度への憎悪と恐れ……。初めてのパレスチナ訪問で見た数々だ。それらを通して想起したのは植民地時代の朝鮮人たちの生であり、在日朝鮮人の置かれた状況だった。

私たちが日本に戻ったのは五月二日だった。ちょうどこの日、国連が結成したジェニン虐殺の調査団が、イスラエルの調査拒否で何もできないまま解散に追い込まれた。前述のナシャシビは、侵攻終了直後に入ったジェニンで難民の子どもからこう問われたという。「私達が殺されている時、あなたは何処で、何をしていたのか?」。それは私自身に投げかけられた言葉でもあった。ジェニンで、ベツレヘムで、私もまた問われていたのだ。この一〇年後、私は新聞社を退職し、二〇〇九年から翌年にかけ、京都の朝鮮学校にレイシストグループが再三の襲撃を仕掛けたヘイトクライムを取材することになる。ヘイト暴力の傷跡を聞き取り、襲撃犯が「自撮り」してネットに上げた動画を何度も見た。そこで蹂躙されていた少なからぬ者は私の友人たちだ。その時、胸中を幾度もリフレインしたのは、パレスチナで聞いたナシャシビの言葉と、涙で一杯になった彼女の目だった。

占領地に見た「朝鮮」

帰国後、私は出発から帰国までの詳細をひたすらＰＣに打ち込んだ。この文章もその記録があって可能になっている。海外取材はその後も重ねているが、あの時ほど目にした光景、耳にした言葉と音、出会いの数々に取り憑かれた経験は今に至るまでない。眠れば夢には現地が出る。暫くは現でも頭の中で音が鳴り続けていた。一つは大型車両が行き交い、ダンプの荷台が上下する音である。もう一つは、実際には現地で聞いていない音だ。自動小銃が弾を発射し、薬莢を排出する際の「ガシャン」という冷たいスライド音が、頭の中でしつこく鳴り響くのだった。

打ち込んだ記録の数々は体裁を整えて新聞や雑誌に載せた。その過程ではこんな「気づき」も経験もした。前述したサイードの言い回しを新聞のコラムで引用すると、担当デスクが難色を示した。「イスラエルの行為と日本による朝鮮半島の植民地統治を並べるのはおかしい」と。

明言こそしなかったが、彼はこう言いたかったのだろう。国連から幾度も撤退勧告を受けながらも続くイスラエルの軍事占領と違い、日本の植民地支配は、苦痛は与えたが合法だった、と。その趣旨は、この数年前に出た「戦後五〇年」の「村山首相談話」と同じであり、ダーバン会議宣言の着地点、「道義的責任はあるが法的責任はない」と同じ発想だ。突き崩さなければならぬ壁だった。

署名コラムだったので最後は押し切って掲載させたが、私はこのやり取りに、村山談話が日本リベラルの限界だった事実を再認識した。それと同時に、日本の「韓国併合」を「不法な軍事占領」と喝破していたサイードの慧眼を改めて思った。

この落差、加害者の自己正当化と開き直りは、村山談話の年にスタートした「女性のためのアジア平和国民基金」の底流にも通じている。日本の加害責任を問い続けてきた者たちが、国家賠償ではない民間募金形式を推進したこの欺瞞は、日本の左派・リベラルの思想的脆弱を表していた。それは本稿執筆段階でも出口が見えない徴用工を巡る問題にも通じている。日本メディアではまず報じられないが、二〇一八年、日本製鐵と三菱重工業に損害賠償を命じた韓国大法院（最高裁）判決の根幹であり画期的な点は、日本の植民地支配それ自体を「不義不当」な強制占領と断じたことだ。これが問題の本質である。この認識の溝に向き合い、埋める責任は加害者側にある。

そしてこのパレスチナの旅で実感したのがレイシズムの危険性、絶対悪たる所以だった。チュニジア出身のユダヤ人作家、アルベール・メンミによれば、レイシズムとは、「現実の、あるいは架空の差異に、一般的、決定的な価値づけをすることであり、この価値づけは、告発者が自分の攻撃を正当化するために、被害者を犠牲にして、自分の利益のために行うものである[3]」。

現実の差異、なければ捏造してでも我々と違う「奴ら（属性集団）」を作り出し、「価値づけ」し、権利格差や差別待遇を当然視する発想をレイシズムという。

「価値づけ」とは「敵」「悪者」「脅威」「野蛮」「劣」「反抗的」「汚い・不潔」など。これに「狂っている」「命令された」を加えると、精神科医の宮地尚子らが言う「加害の正当化」の諸条件とほぼ合致する。これらの動機が与えられれば、人は他者の痛みに想像を巡らせるどころか、自らの他害行為に対し達成感やカタルシスすら感じると言う。だからこそ人を「人間以下の存在」とするレイシズムは、「植民地支配」「戦争」「奴隷制」を可能にする絶対悪であり、二度の大戦を経た世界で、少なくとも建前上は根絶の対象とされてきたのだ。

だが大陸の両端にある二つの不条理は、その「絶対悪」を国家体制スタートの動力にした。まず日本である。後発帝国主義国としてアイヌモシリ、琉球を略奪。台湾、朝鮮を植民地にし、大陸を侵略した日本は、敗戦の破局を迎える。その時、日本国内には二〇〇万人以上の朝鮮人がいた。日本の収奪で食い詰めた元小作農らが、底辺労働者として日本の労働市場に吸収されていたのだ。

そして敗戦後、日本政府が在日朝鮮人に為した最初の政策（対策）は、一九四五年一二月の参政権停止である。その二年後の四七年五月には、天皇裕仁最後の勅令・外国人登録令が交付され、在日朝鮮人は「みなし外国人」となる。四八年一月には、奪われた民族性を奪還するために朝鮮人が設立した自主学校を否定する通達を出し、武装警官を動員しての強制閉鎖を強行する。五一年一一月には出入国管理令を施行、そして五二年四月、サンフランシスコ講和条約発効と同時に、在日朝鮮人、台湾人の日本国籍を喪失させて無権利の外国人とした。二度の大戦を経た国際社会が一九四八年、世界人権宣言を採択、その一五条で、「国籍を有する権利」を謳ってから四年後の暴挙だった。

迅速かつ徹底的な無権利化を後押しした一つの要因は、虐げてきた朝鮮人からの「報復」に対する恐怖だった。三・一独立運動から四年後の関東大震災直後、官民が吹聴、拡散したデマとそれを引き金にした大虐殺は、日本人が抱いていた潜在的な恐れが攻撃性に転嫁したものだった。敗戦後、占領された日本で、いかに朝鮮人を封じ込め、排除するか。そこで採用した手段が、「外国人化」だった。以降、次々と成立させた社会保障、戦後補償から朝鮮人を排除した。そして一九五三年には、「公権力の行使又は国家意思の形成に参画する国家公務員には日本国籍が必要」とする通達を出し、在日朝鮮人を公的空間から追放。これでレイシズム国家の大枠は完成した。

そしてイスラエルだ。不法占領地の西エルサレムにあるホロコースト記念館の展望スペースから、建国時、ベギン（後のイスラエル首相）指揮による住民虐殺事件が起きたディール・ヤーシーン村の跡地が見えるのは、グロテスクの極みだった。一九四七年から繰り返された計画的虐殺と追放の数々、そしてユダヤ国家イスラエルの建国は、パレスチナ人を「殺しても、追放してもいい存在」とすることで可能となった。アラブ世界に在りながらアラブ人を否定し、どこまでも他者なきユダヤ人の国を志向する思想資源は「レイシズムの一形態」であるシオニズムだ。

そして私が占領地で見たのは、レイシズムが兵役を通じて若者に植え付けられていくシステムだった。パレスチナ自治区に侵攻し、各地の検問所で嫌がらせを繰り返し、一方的な暴力を振るう。目の前にいるのは野蛮で自分たちを敵視する「アラブ人」であり、自分たちとは「価値観を同じくする」者ではない。そうして線を引けば、自分の父母や祖父母と同世代の者でも関係ない。圧倒的な力関係を背景に、辱め、彼彼女らの声を無視し、執拗に挑発し、殺す。そして数年に一度、「草刈り」などと称してガザで繰り返されている虐殺は、若者世代に「加害の正当化」を刷り込んでいく。

もう一つの九・一一、「サブラ・シャティーラ」

レイシズムを資源に建国され、レイシズムで国家を維持していく。その中で起きた一つの災厄が、

「サブラ・シャティーラ虐殺事件」である。帰国の四か月後、私はレバノンへと向かった。

レバノン内戦にシリアとイスラエルが介入、混迷の極みにあった一九八二年九月、事件は起きた。ベイルート郊外のパレスチナ難民キャンプ、サブラとシャティーラに、パレスチナ人を敵視するレバノンのキリスト教マロン派民兵組織「ファランジスト」が迫った。

当時、ベイルートはイスラエルに制圧されていた。占領地で民間人の安全を保障するのは国際法上の義務だが、当時、現地で自軍を指揮していたアリエル・シャロン国防相は、「（民兵を）妨害するな、自由裁量と援助を民兵組織に与えよ」と命令、軍はパレスチナ解放機構（ＰＬＯ）が撤退した後の、子どもや女性、高齢者など非戦闘員が残ったキャンプに民兵を導き入れ、夜には真昼と見まがうばかりの照明弾を打ち上げて民兵を支援した。事件は右派民兵とイスラエル軍の共同作戦だった。

右派民兵たちは斧やナイフなどの「白い武器」を手に、三日間にわたり惨殺やレイプ、拷問などの残虐行為をほしいままにした。約二〇〇〇人が殺され、今も約一〇〇〇人が行方不明という。いわばもう一つの「九・一一」だった。

シャロンは事件の責任を問われて罷免されたが、ただそれだけだった。彼はその後、宰相の座に上り詰め、違法入植とパレスチナ人への民族浄化を激化させた挙句、「天寿」を全うした。彼だけではない。今に至るまで、事件の下手人は誰も相応の責任を取らされていない。

証言集会では「私の娘が殺されたようにシャロンを殺してくれ！」と叫んで卒倒した高齢女性がいた。「アメリカがイスラエルを護る以上、どうしようもないのさ」と吐き捨てた生存者も居れば、愛する者の遺体を見た瞬間に言及し、絶句する人もいた。贖われない出来事は、現在進行形で被害を生み出し続けるのだ。私がそこに重ねたのは、元「慰安婦」のハルモニが、生き地獄を語ることで「あの時」に引き戻され、錯乱して卒倒する姿だった。

難民キャンプで取材を続けながら、私は命と人生の非対称を痛感せざるを得なかった。東西対立を背景に、米国が育てたとも言われるアルカーイダが二〇〇一年九月一一日、その暴力を米国本土に回帰させた事態が、日本を含む世界のマス・メディアを通じて「私たちの悲劇」に仕立てられる一方、今も遺された者に苦しみと悲しみを与え続けているレバノンでのパレスチナ人の悲劇は、果たして「我々の世界」にどう位置付けられてきたのか。WTCの犠牲者は個々の名前を呼ばれるのに、レバノンの犠牲者たちは名前どころか数ですら語られないのはなぜか。感じたのは「他者の痛みへの想像力」の欠落。世界に内と外の線を引き、外部を想像の外に押しやる、思考の習性だった。

遺族たちに聴き取りをする一方で、私はアイネルヘルウェとラシーディーエ・パレスチナ難民キャンプを訪問した。レバノンのパレスチナ難民政策は「定住阻止」だ。人が人である以上、無条件で保障されるべき権利の数々を認めず、パレスチナ人として尊厳をもって生きることを否定する。

まず職業だ。当時は医者や法律家、技師、ジャーナリストなど七〇以上の職から法的に排除されていた（その後、複数の職種は当局の許可制になったが、現実にはその許可が出ないという）。社会保障も適用外で、そんな政治に参加する権利もない。難民がレバノンでの市民権を取ることも認められない。この定住阻止策と対照的なのが、パレスチナ人を国民とし、「Jordan First」を掲げたヨルダンである。パレスチナ人に政治的主体の放棄を迫る方針は、同化の強制に他ならない。レバノンとヨルダンのパレスチナ人政策は「同化と排除」という日本の朝鮮人政策の両面を「分担」している。

いわば「現代の身分制」の下で、レバノンのパレスチナ難民はパレスチナ国家の樹立と、故郷への帰還に望みを託してきた。しかしイスラエルはパレスチナ人に祖国を諦めさせるためのあらゆる手段を採り、国際社会はパレスチナ人に際限ない妥協を強いてくる。その一つが九三年、イスラエルとPLOの間で結ばれた「オスロ合意」だ。五年の暫定自治と引き換えに、歴史的パレスチナの大部分を諦める内容、難民の帰還権も棚晒しだった。先の国連決議三三七九号撤回も、この前段でなされた。敗北と後退の連続はパレスチナ解放への道筋を巡る同胞間の対立をも生む。それは特に青年層の間に倦怠や諦めをもたらし、ドラッグやギャング化などの問題となって顕在化していた。

そんな状況下で、青年層に展望を与えようと働く者たちに会った。一人は、当時レバノンで最も治安が悪いと言われたアイネルヘルウェ・パレスチナ難民キャンプで活動する難民二世、バハー・タイヤール（当時四五歳）だった。険のある目をした青年たちがあちこちで屯する、ヒリついた空気が充満したキャンプ内を歩き、彼女の活動拠点である文化センターに辿り着く。高さ二メートル以上はある鉄扉に残る銃撃痕は、ここでの厳しい日常を想像させるに十分だったが、インターホンを押してしばらく後、内側から開けられた扉をくぐると、灰色の風景は一変した。

鉄の塀で囲まれた庭には咲き誇る花を思わせる赤や黄色の遊具が並び、室内の至る所に写真や絵画が飾ってある。壷にも鮮やかな刺繍を施したカバーが被せてあり、温かい雰囲気が醸し出されていた。「子どもたちの多くは、家では寝るのも食事も同じ場所、外に出れば殺伐としたスラム。くつろぐ場所が必要なのです」とバハーは言った。

彼女が特に力を入れていたのが子どもの芸術活動だった。銃や武器、麻薬ではなく、楽器や絵筆、カメラで自己表現し、世界と繋がって欲しいと言う。子どもの絵画作品には、パレスチナや人、動物が描かれ、青い鳥が檻の中から羽ばたく。鳥は子どもたち自身の投影だ。レバノン政府によるキャンプへの囲い込み。パレスチナ難民の祖国帰還を認めぬイスラエルと、そんな無法国家を最大限に支援する米国の存在。貧しい生活と展望のなさ、そこから来る「難民だから」「仕方ない」といった諦念や、境遇への憎しみや怒り。これら自らを囲う幾重もの檻から飛び立ち、自由を獲得するのである。

実はこの絵は、キャンプを訪れ、子どもたちに絵を教えていた日本人ボランティアとの共同作業だった。その意義を訊くと彼女は言った。「子どもたちへの情操教育はもちろん大事ですが、でも何よりも大事なことがあります。それは身銭を切って、私たちの苦境に遥か彼方から駆け付けてくれる人がいることをキャンプの子どもに教えることなのです。アラブ人でなくとも、ムスリムでなくとも、私たちの境遇に共感してくれる人は世界にいる。人間とは、他人の境遇を想像し、その痛みに共感できる存在であるということ、私が子どもに最も伝えたいのはそのことなのです」。

死と破壊、差別に染め上げられた地に残った最後の「希望」とは、他者の痛みへの想像力、「別の世界」を開く一つのカギは、「共感する力」だった。

私、私たちの「義務」

胸中に展望を得た思いで帰った二〇〇二年九月、すでに日本のメディアは数日後の日朝首脳会談と「拉致事件」を巡る観測で溢れていた。そして九月一七日、金正日が拉致問題を認めた。

それは日本が与え、贖われないまま来た「他者の痛み」に日本人が思考を開き、朝鮮の被害者に思いを馳せる共感の回路となり得たはずだが、現実は真逆だった。日本人拉致事件は「国民の悲劇」に仕立て上げられ、他者に与えた歴史的痛みを押し流した。「戦後」という時空で初めて、対朝鮮で自らを被害者とする回路を得たこの国では、溜め込んできた下劣が噴出した。「拉致」は日本の九・一一、「北朝鮮」に関係する者すべてを人権の番外地に追いやる「魔法の杖」となった。

この濁流に押し上げられて二〇〇六年九月、宰相の座に就いたのが安倍晋三だった。「慰安婦」の教科書記載を攻撃する若手議員連盟の中枢だった安倍は、一度目の政権で教育の憲法たる教育基本法を改悪、「愛国心」を教育に盛り込んだ。彼は一年で政権を投げ出し、その後、民主党政権が誕生するが、彼らは後世に残る結果を出せないまま無残に自壊し、第二次安倍政権誕生の露払いを務めた。

そして二〇一二年一二月、安倍が首相に返り咲いた。排外主義と歴史否認で岩盤層を固めた彼とその政権の初仕事は、高校無償化制度からの朝鮮高級学校完全排除だった。彼らが振りまく近隣諸国や在日朝鮮人への攻撃性と歴史改竄は、平場のレイシストたちと循環増幅の一途を辿り、この国の人倫の底を抜いた。東京・新大久保や大阪・鶴橋などを「舞台」に、ヘイトデモが常態化していった。

他者を鏡に自らの像を映し、そこに映った歪みを正す。これこそがより良い未来を築く前提だが、この国はいまだその営為を拒絶し、「嘘と開き直り」に徹する。放置されたヘイトスピーチは具体的な犯罪行為を次々と誘発し、今やこの国はヘイトクライムの時代に入った。関東大震災から一〇〇年、私、私たちは次の虐殺の前に立っている。

その後も私は国内外で、パレスチナ難民との出会いを重ねてきた。

取り巻く状況は厳しさを増す。分離壁はパレスチナ自治区に大きく食い込む形で完成した。二〇〇七年以降、ガザは完全封鎖が続き、数年ごとに最新兵器を使った虐殺が強行されるが、「国際社会」はそれを止めることすらできない。その一方的虐殺は、イスラエル国内で実に九割以上の支持を得ているという。ヘイトの伝播力は恐ろしく強く、社会を壊していく。

ヘイトクライムも頻発している。西エルサレム（ユダヤ人居住区）にイスラエル人の恋人を訪ねたパレスチナ人青年が、イスラエル人少年たちに袋叩きにされた挙句、ゴミ捨て場に「遺棄」された事件や、バスでアラビア語を口にした青年が危害を加えられた例も聞いた。通学中のバスや電車の中では、ハングルで書かれた教科書を開かないという朝鮮学校生の「自己防衛策」を連想する。

入植者の暴力も激化の一途だ。二〇一四年に訪れたヘブロンでは、旧市街の二階を占拠したイスラエル人が階下のパレスチナ人に物を投げつけることが日常化していた。家電製品を投げられて死亡した例もあった。明々白々たるヘイトクライムだが、警察に告訴する者はほとんどいない。当局が捜査をせず、不起訴になれば報復の危険が伴うからだという。

そして訪問の度に痛感するのは、パレスチナ人青年層の荒みである。何をするでもなく群れ、ガンガンに音楽を鳴らした車で町を流し、道行く女性に声をかけて回る「シャバーブ（若者《チンピラ》）」が目立って増えている。抑圧と暴力、世界の無関心が彼らの「展望」を奪っているのだ。

そしてイスラエルは二〇一八年七月、自国を「ユダヤ人のみが主権を持つ」国と基本法に定めた。宗教や人種、性別などの違いに関わらず、全住民に完全で平等な市民権を確保するとした独立宣言（建国宣言）の建前を擲ち、レイシズム国家の実態に根本法規を合わせたのだ。トランプの大統領就任が、ネタニヤフらをエンパワーしたのだろう。

この報に接した時、即座に思ったのは二〇一四年四月、自民党が発表した「改憲草案」だった。地方参政権や、公務員の選出・罷免に関する項目など、非・日本国籍者にも参画の余地を残している現行憲法の条文に、草案はあえて「日本国籍を有する」などと書き加え、非・日本国民の社会参画を完全排除している。ここにきて「国籍差別」を強化し、他者なき国を目指そうというのだ。大陸の二つの不条理は互いを追いかけ、その歴史的愚行をなぞり、下劣の度を競い合う。

その後、トランプ、ネタニヤフは退陣した。(4) 敵を措定、攻撃を煽る手法で社会を壊した安倍は、彼を「敵」と措定した青年に射殺された。だが「役者」が入れ替わっただけで中身は変わらない。レイシズムは世界の隅々に浸透している。思想的退化、倫理の退廃は今後も進むだろう。一方で「いま」を自らに与えられた唯一の時代と見定め、先人から引き継がれた問いに向き合い、自らの使命に取り組む者は存在する。一つはBlack Lives Matter（ＢＬＭ）だ。警官のヘイト暴力を契機に高揚したこの運動は、植民地主義と奴隷制を射程に収める。英国でＢＬＭに賛同する者たちが、奴隷貿易で財を成した「偉人」の像を引き倒したのは、加害者の末裔の「正当な儀礼」である。換言すれば彼彼女らは、ダーバン会議からの「途絶」を二一世紀に繋ぎ直したのだ。腐臭漂う世界の中でも、不正の根を問う思想と実践は様々な回路で広がっている。

書きながら、改めてパレスチナで出会った顔を想起する。こちらの本気度を推し量る鋭い目。話しながら制御不能になる怒り。土を踏むことも叶わぬ故郷を想起していた時の遠いまなざし。頬を伝う涙の轍。「祖国」という夢を語る時に見せた笑み。そして変革への希望……。日々最悪を更新する状況で、譲れぬ一線に止まる者たちが教えてくれたこと。それは、人間は人間である限り自由と尊厳を求める、そして今とは違う未来を希求する「私」たちだけが「私たち」になれるという普遍的真実だった。そうして繋がった者の夢が撚り合わさり、頽落に抗する社会像が織り上がっていくのだろう。

冒頭に記したアンジェラ・デイヴィスの言葉、パレスチナを介して私がその謦咳に接したブラック・フェミニストで、BLMの思想的支柱でもある彼女の至言は、一九七三年に警官殺しの容疑で逮捕された革命家で、後に脱獄、キューバに亡命したアサータ・シャクール（彼女は一貫して無実を主張している）への応答だ。当時は死刑判決もあり得た状況で書いた仲間たちへの手紙 "To My People" の末尾で、シャクールはこう語りかけた。

「自由のために闘うのは私たちの義務である。その闘いに勝つのは私たちの義務である。私たちは互いを愛し、支え合わねばならない。自らを繋ぐ鎖以外、私たちに失うものは何もない！」

この「義務」を生きたい。私たちが失うのは、「諦念」や「怯懦」「順応」だけだ。

（1）アンジェラ・デイヴィス著、編集部訳、新田啓子解題「アサッタのメッセージの過去・現在・未来」『現代思想』四八巻一三号、青土社、二〇二〇年、一二頁。
（2）ガヤトリ・C・スピヴァク談、鵜飼哲・馬場智一訳「インタビュー　アポリアを教えること——新世界秩序のなかのサバルタン」『現代思想』二七巻八号、青土社、一九九九年、七九頁。
（3）アルベール・メンミ著、菊池昌実・白井成雄訳『人種差別』法政大学出版局、一九九六年、四頁。
（4）二〇二二年一一月の総選挙で、ネタニヤフ率いる右派政党「リクード」が勝利、極右を取り込んだ過去最右翼の連立政権が誕生し、ネタニヤフが首相に返り咲いた。

第6章

パレスチナと日本の社会運動

日本赤軍の行動の軌跡に即して

太田昌国

ここでのテーマは、一九七四年に結成され二〇〇一年に解散した旧日本赤軍である。そこで活動し、すでに死者になった者（戦闘での／自死での／あるいは自然死での）は、もはや語ることができない。従事したのが地下活動であったからには、獄中の無期刑者にも、刑期を終えて今は社会の只中にある者にも、公言できぬ思いがあるに違いない。同時に頭に入れておくべきことは、世界じゅうの革命党派の経験が明らかにしているように、小さな組織の中であっても「情報」と「機密」の鍵を握る立場の者は必然的に「権力者」とならざるを得ず、そのことに自覚的であるか否かが、「権力者」とその党派の命運を決するという事実だろう。また、のちに触れるその行動では、少なからぬ死傷者を生み出した場合もある。「政治」の中の死をどう捉えるかという問題も、必然的に重大である。

私は局外者ではあるが、彼女ら／彼らと同時代を生きてきた。居た場所は異なるが、同じ時代の空気を吸い込んできた。当時私たちが持ち得た「夢」や「希望」は、半世紀後の今、日本のみならず世界のどこにあっても、粉々に砕け散っているかに見える。それはなぜか。この間、私は「左翼崩壊の現在地」「ロシア革命一〇〇年」「連合赤軍事件五〇年」「東アジア反日武装戦線」などの課題に即して、この問いへの答を追い求めてきた。文字通りの暗中模索である。ここでもその姿勢は同じだが、私は、地上に居続けた者にも見聞できたことだけを通して、あれから半世紀もの歳月が過ぎ去った時点で、地下に生きた人びとの言葉と行為を解釈することになる。時の流れの加勢を得て、半世紀前には見えなかったことが今の私には見えるかもしれない。自らを無垢な批評の高みにおくことはできないという自覚を、この文章を書くうえでの戒めとする。

パレスチナとの出会い

日本の社会運動の中でパレスチナが関心の対象となるのは一九七〇年をわずかに過ぎてからのことだ。私は後知恵で知るのだが、一九五〇年代から六〇年代にかけては左翼・進歩派の研究者の場合でも、アラブ民族主義を標榜する政治指導者とその国家に対する関心はあっても、一九四八年のイスラエル建国によって流浪の民となることを強いられたパレスチナ人には無関心だった。国家を重視する史観にあっては、国民国家形成の枠組から外れている存在は、そもそも視野に入らなかったのだろう(1)。もちろん、時代的な制約はある。パレスチナ人という主体が、世界的な視野の中に登場する時期との関係もあるだろう。それを確認するために、まず、以下の年表を掲げる。

一九六四年五月　アラブ諸国の主導権の下で、パレスチナ解放機構（ＰＬＯ）結成。パレスチナ人の抵抗運動を統制することが目的だった。

一九六七年六月　第三次中東戦争でアラブ側敗北。イスラエルがヨルダン川西岸とガザを占領。

一九六七年一〇月　パレスチナ解放人民戦線（ＰＦＬＰ）結成。

一九六八年七月　ＰＦＬＰ、イスラエル機を初めてハイジャック。

一九六九年二月　第五回パレスチナ国民会議（ＰＮＣ）、ＰＬＯ議長にヤセル・アラファトを選出。

一九七〇年九月　ＰＦＬＰ、四航空機を同時にハイジャックし、砂漠で爆破（革命飛行場）。

わずか五、六年の間に、従来の状況を一変させる事態が連続的に起きていたことがわかる。これに応える動きが日本で起こったのは一九七一年四月である。「パレスチナ難民支援センター」の仲介で、二人の日本人医師（二人とも女性）がベイルートへ向かった。そのうち一人は以後一九八七年まで、パレスチナ難民キャンプで、ＰＬＯの医療部門「赤三日月社」のボランティア医師として働くことになる(2)。

同じ時期、日本ではパレスチナに対する関心が突出して際立っていたわけではない。米国のベトナム侵略に反対する反戦運動や第三世界における民族解放闘争の高揚は、従来のヨーロッパ中心主義に基づく歴史像と世界観を再審に付す契機となった。一国的な階級闘争史観を固守する立場はまだ根強かったが、民族・植民地問題を重要な参照項に据えて、歴史と世界を捉え返そうとする動きが目立ち始めた(3)。この文脈の中で、パレスチナに関わる政治的な動きも、この頃から始まった。この視点は、それから二十数年を経た一九九二年、すなわちコロンブスの「大航海と地理上の発見」が行なわれた一四九二年から数えて五〇〇年目を迎えた年に、より深められることになる。コロンブスの「地理上の発見」を契機に、世界を植民地帝国と被植民地に分断する時代が始まったとして、ヨーロッパ近代を相対化する歴史観が確立されたからである。

本稿のテーマとなる日本赤軍の経緯をたどるためには、まず、一九六九年八月の日本国内における動きに触れなければならない。第二次共産主義者同盟の中から「前段階武装蜂起貫徹・世界革命戦争勝利」をスローガンに掲げる赤軍派が誕生した。大菩薩峠に集まって軍事訓練を行なおうとした計画は、警察に事前に察知されて弾圧され、武装蜂起路線は挫折したが、国際根拠地論は生き延びた。今から思えば白昼夢のような考え方と言えるが、当時は意外なまでに一部の若者たちの心を捉えたばかりか、重厚な文学作品を生み出していた、先行する世代の作家の関心をすら惹いた[4]。

赤軍派の一部メンバー九人は、一九七〇年三月、日航機をハイジャックして、朝鮮民主主義人民共和国に「亡命」した。主観的には、同国政治指導部を説得して、世界革命の根拠地になるよう討議するつもりだったという。実際に彼らはそうしようと試みた結果、「赤軍派「路線」の破産」を自覚することとなった[5]。だが、「主体《チュチェ》思想」を絶対化している同国指導部の強固な政治・思想路線を思えば、この述懐は、彼らが北朝鮮に関して行なった事前調査のあまりの貧弱さを自己暴露していると言うほかはない。

他方、国内に残っていた赤軍派は、この国際主義路線の延長上で、パレスチナに注目した。欧州左派も同地にボランティアで駆けつけている事実を知って、医師・看護師・技術者を派遣することを組織決定し、重信房子をその責任者とした[6]。その後の彼女／彼らは、遠方の地において、軍事を伴う地下活動に従事したのだから、局外者の私たちには見えないことが多々あるに違いない。客観的に見えていることだけを、年表風にまとめてみる。外部の私たちが衝撃をもって受け止めたその活動は、七〇年代初頭から中盤にかけての、わずか五年間に凝縮して展開されたことがわかる。

（1）一九七二年五月三〇日　ＰＦＬＰは日本人志願者三人の参加を得て、イスラエルはテルアビブのリッダ空港を襲撃。
（2）一九七四年一月三一日　日本赤軍－PFLP、シンガポール・シェル製油所爆破作戦。
（3）一九七四年二月二日　日本赤軍－PFLP、在クェート日本大使館占拠・同志奪還闘争。
（4）一九七四年九月一五日　在ハーグのフランス大使館占拠・同志奪還闘争。
（5）一九七五年八月四日　在クアラルンプール米国大使館領事部＋スウェーデン大使館占拠・同志奪還闘争。
（6）一九七七年九月二八日　日航機ハイジャックのダッカ作戦による同志奪還闘争。

軍事路線への内省

すべてが、武装・軍事に関わる行動である。約《つづ》めて言えば、日本赤軍が孕む問題を〈客観的に〉考えるということは、解放・革命闘争における軍事の問題を、五〇年前にはいかに捉えていたか、そして半世紀後の今はどう総括しているか、さらには、今どんな未来像を持っているか、に尽きると言える。

まずは、当事者たちが語るところに耳を傾けよう。上記（1）の行動は、重信を含めた複数の当事者たちの証言を読めば、日本赤軍が主体となって行なわれたものではない(7)。世界各地から集う志願者に軍事訓練を施しては、具体的な作戦任務を指示してきたPFLPが、今回の「勇敢な突撃行動に対して、完全な責任を負う」旨の声明を直ちに公表し、日本人義勇兵三名の行動は「我々の占領された領土におけるシオニズム、植民地主義との闘いの行動方法として正当である」[8]とした。事前の打ち合わせでは、三人は身元が割れないように最後には指も顔面も吹っ飛ばす手榴弾を使う計画だったが、岡本公三ひとりはイスラエルの捕虜となり、取り調べで「レッドアーミー」を名乗っていると知った重信は、ＰＦＬＰの助言を受けて岡本の孤立を防ぐために「赤軍声明」を発表したという（重信自身の述懐によれば、日本に向かっては「アラブ赤軍」、世界に向けては「日本赤軍」と名乗るのは、一九七三年七月二〇日～二四日の「非占領地の息子たち」と日本赤軍による日航機ハイジャック作戦時であり、それが翌七四年一二月には「アラブ赤軍」を発展改称し「日本赤軍」を統一名称とすることになる）。したがって、リッダ闘争時には、組織実態がないままに、いわば取り繕うようにして「赤軍声明」を出したことになる。

作戦終了後に「自死」を選ぶかどうかについて、「敵を殺す以上、自分が生きてはいられない」とする実行者の決意は固いが、重信の気持ちは、もちろん生き延びてほしい方に傾いていたことが、重信手記からわかる。実行者たちは、先に触れた、一九七〇年前後から生まれた民族・植民地問題を軸に世界と歴史を捉える潮流の中にいた人びとだと思う。パレスチナの地でさまざまな経験を積みながら吐露される言葉も重信によって記録されているが、それは新たな認識を得つつある喜びと刺激に満ちていると思える。それでいて、準備しているパレスチナ解放のための軍事作戦に関わって漏れ聞こえてくるその言葉は、まるで「死に場所を求めて」いたかに思えることが痛ましい。新しい世界の可能性は彼らにとって大きく開かれつつあったのに、他者（文字通りの「敵」の警備兵と、作戦の内容からすればその場に居合わせる民間人）の死と引き換えに自らをも不可避的に死に追いやる道を、彼らはなぜ選んだのか。実行者のひとり、奥平剛士の遺稿集を読んでも[9]、それはまだ彼の人生が大きく転回する以前の時期に書かれたものではあるにしても、私にはそこに至る道筋が見えてこない。米国の社会学者、パトリシア・スタインホフは、ここに見られる赤軍派の思想内容を指して「死へのイデオロギー」と呼んだ[10]。それが胸に堪える。

他にも、作戦の内容、その位置づけなどについて、作戦実行者と重信の間に十分な意思疎通があったとは読み取れない。もともとPFLPの宣伝部門に属していた重信は、軍事作戦の全容は知らず、それがもたらす結果について全責任を引き受けることができる立場にはなかっただろう。それでいて五・三〇「声明」で全責任を負うような表現をしてしまったこと。止むを得ずに採られたのであろうその出発点に、その後の諸問題の原点があるように思える。

別な方向からも問題が浮かび上がる。日本に潜行中の二〇〇〇年に逮捕され、「ハーグ事件」への共謀共同正犯ならびに二件の旅券法違反容疑事件で起訴された重信は、二〇〇五年東京地裁における最終意見陳述で次のように述べている。

「七〇年代の私たち「日本赤軍」の闘いによって、不本意ながら巻き添えにし、被害を与えてしまったすべての方々に、深くお詫びします。（七〇年代は世界的に武装闘争の時代で、アラブに結集していた私たちも、武装闘争をもってパレスチナに連帯することに誇りをもっていた――筆者による大意の要約）。しかし、同時に、自らの能力や力量不足を補う方法として、「人質作戦」などの形態をとって闘いました。こうしたあり方は、直接当事者でない人々を戦闘に巻き込み、精神的肉体的苦痛を与えてしまいました。ふたたびこの最終意見陳述の機会に、お詫び申し上げます」。また、多数の死傷者を生んだ「リッダ闘争は、無差別攻撃でもなければ、テロリズムでもありません」と言いつつも、それは「未だ日本赤軍が生まれる前の闘いではありますが、後に日本赤軍をつくり継承した責任ある者として、この闘いによって巻き添えになり犠牲になられた方がたには、哀悼と共に謝罪します。どのような条件にあっても非戦闘員が巻き添えになってはならないと、強く今思うからです[11]」と言う。

日本赤軍軍事指揮官としていくつかの軍事作戦に関わったらしい丸岡修の声も聞こう。「私たちは〝人民と共に〟と革命を目指していたのに、その守るべき人民を自分たちの作戦を成功させるための「盾」とした一九七三年以降のいわゆる「同志奪還闘争」には、大義も人民性も欠けていた。自分たちの都合に合わせた闘いは完全否定すべきもの」。また、「一九七二年のリッダ空港作戦は、国際連帯、民族解放闘争、国際革命の歴史において評価されるべきものだったが、パレスチナ解放組織の指揮に従ったものとはいえ、非武装の一般旅行者をも巻き添えにしてしまった以上、その負債をもまた負い続けるしかない[12]」。

兵士なき／軍隊なき未来に向けて

もはや五〇年前のことである事件直後の思いと、半世紀が経過する過程での考えに違いが生じることはあり得よう。この行為は、プエルトリコからの聖地巡礼者を含め死者二六名、重軽傷者七〇名以上を出した。イスラエル警備兵の迎撃弾による死者もいたに違いないが、非武装の民間人を多数殺める結果になったことを悔い、哀悼するのは、時間の経緯の中で生まれた思いだろう。だが、その結果をもたらした行為を「無差別攻撃ではない」と断じたり、「国際連帯」として評価したりするのは、一貫しているようだ。イスラエルの占領統治がいかに恐るべきテロリズムをパレスチナ人に対して駆使したものであったとしても、そしてリッダ空港が軍事空港として機能しているからにはそこも戦場だとの警告をパレスチナ解放勢力が従来から発していたとしても、明らかに民間人がいる場所を、日本からの志願者三人は「戦場」とした。そこで「戦端」を開いたのは誰だったかが問われる。

武装闘争路線が、あの時代、世界の特定の地域では、現実的な根拠をもっていた事実までをも否定することはできない。そのうえで、実際に武闘を担った人びとがなすべき総括は、人類史のもっと先を見通すことではないのか。パレスチナ解放闘争も含めた六〇年代〜七〇年代の武装せる民族解放闘争においても、無惨な戦闘を通して民間人の死が生じる事態は避けるべきであったろうが、自分たちは十分な配慮をもってそれを避けてきただろうか。それを不問に付して、その行為の結果生まれた犠牲者への哀悼の気持ちだけは表明する——そこには大きな矛盾が潜んではいないだろうか。

現代の困難さは、次のことにも現れる。この時代の民族解放闘争は、最終的には、大国や旧宗主国への隷属状況・植民地主義からの解放という意味では、キューバ、アルジェリア、ベトナム、カンボジア、ジンバブエ……などに見られるように、成果を得た。だが、解放後・革命後の社会において、武装部隊は正規軍=国軍に再編成され、一党独裁権力体制の下でそれを強固に補完する存在となった。それは、もちろんのこと、初心にあった普遍的な革命=変革を実現するうえでの阻害物に転化する道しか残されていなかった。警察・軍隊・官僚機構などは可及的速やかに解体し、究極的には国家の廃絶に至るというのが「革命」の未来像であるという理念を、新たに国家権力を手中に収めた指導部は、世界のどこにあってもいち早く忘れ果てたのである。パレスチナ自治区が形成されて以降、自治政府の警察・軍事機構がどんな働きをしてきているかについて、日本赤軍の人びとはよく知っているのではないか。それを明らかにするなら、「革命」「解放」をめざす過程で、軍事機関がその性格を劇的に変える、すなわち、新たな権力機構の中で、非武装の民衆に対して優位で特権的な位置を占める場合が多いという姿が浮かび上がるのではないだろうか。

革命の思想は、本来、現実の政治・経済・社会・文化・自然をめぐる状況とはまったく異なる夢や理想が実現される社会構想を、今を苦しむ人びとに語りかける。そこで大衆的な支持を広げ、理論的に／実践的に展開し始める。五〇年前には、まだ希望を持って語られていた「革命」「社会変革」などの言葉が、その後どんな現実を生み出したか。独裁・戦争・弾圧・虐殺・非民主主義・飢餓など、「こんな革命なら要らない！」をいう現実が世界各地で生まれた点にこそ、現代革命敗北の根拠がある。この隘路を突破するために、武装路線の総括は重要な項目だ。武装闘争の経験を捉え返し、万一無辜の人びとを殺めてしまった行為があった場合には、その犠牲死を悔み、悼みつつ、すでに起こしてしまったという意味では取り返しのつかない「闘争」の意味を、半世紀前の次元に留めることなく、未来へ向けて開くべきなのではないか。

ソ連体制崩壊から二年後の一九九四年一月、メキシコ南東部の先住民族集団は「反グローバリゼーション」の旗印の下で武装蜂起を行なった。サパティスタ民族解放軍（ＥＺＬＮ）と名乗る彼ら／彼女らは、政府軍の反撃を躱《かわ》してマヤ地域の密林の奥深くに撤退し、市民社会に向けて次々と発する言葉・メッセージの力で、世論を背景に政府を和平交渉の場に引き出した。そして言う。「(私たちが交渉の場へ来たのは)権力がほしいという希望でもなければ、ほんの一握りの人びとの利益を叶えるという希望でもありません。正義と尊厳と民主主義と自由を伴った平和への希望です。その希望のために、私たちは兵士になったのです。未来のある日、もう兵士など必要ではなくなる日のために、この世から消滅することが目的であるかのような、この自殺的な仕事を私たちは選んだのです。兵士、それは、もはや誰一人として兵士とならなくてよい未来の日のための兵士なのです[13]」。自分たちを絶対視しないこの原則的な立場によって、EZLNは蜂起から三〇年近く、政府(軍)の介入を許すことなく、自治管轄区を維持し続けている。いわば、国家の中の〈小さなくに〉として。

この問題項については、私自身はこの間、美術史家・若桑みどりの仕事からも多くを学んできた[14]。私たちの世代が、一九六〇年代~七〇年代のベトナム反戦運動への参加を、重要な共通の経験としていることは先に触れた。それは侵略国＝米国にあっては、あれほどまでに酷い仕打ちをベトナム民衆に与えて恥じない戦争の、真の原因の追究へと人びとを向かわせた。そこで女性たちを軸に生まれたのが、「戦争とはマッチョな男たちが利益を独占し、自分たち以外の人間にはうまい汁を吸わせないために、組織的な暴力を振るって自分が強いことを見せ、みなを恐怖で支配しようとするシステムだ[15]」という考えを出発点にするジェンダー理論である。武装・暴力・戦争路線への反省を語る重信を初めとする日本赤軍経験者の総括に、ジェンダーとフェミニズム理論に基づいたこの視点が加わる時、その総括は未来へ向けての、貴重な共有財産になるのではないだろうか。

終わりに

関連書を読み続けながら心に残る言葉にいくつも出会った。中でも忘れがたいもののひとつは、一九七七年九月、他ならぬ日本赤軍がハイジャック事件に際して行なった獄中者の釈放要求リストに入っていた一般刑事囚・泉水博が、アラブに渡ってから彼の地で重信らに語ったという言葉だ。獄中にいて、内ゲバやM作戦（金融機関を襲って現金を奪取した活動）、連合赤軍事件のことを聞き知っていた泉水は、革命の名において、「タタキ（強盗のこと）ばかりか、人殺しまで正当化できるんだから[16]」便利なものだなと感じていたというのだ。

この半世紀の間に、多くの人びとに染みわたってしまった実感だろう。「革命」がこんな風に理解されている現実を変える手がかりを得るために、小さなこの文章を私は書いてきた。そして書き終えようとする頃、並行して読んでいた重信の最新書の末尾近くで、次の文章に出会った。

「世界的にもいえることだが、20世紀の狭量な私たち、日本の左翼のあり方とその革命は敗北した。私たちが負け続けたことは党の「唯一性」に拘泥して争い、党の「無謬性」によって異論を敵視し暴力で言論を封じ「我々」だけで納得して「指導」しようとしたことによく現れていた。私たちは「人間」を知らず、人々の生きる社会生活に対する敬意も欠けていた。当時の自分たちの党派政治の思想的貧しさともいえる。加えて、方法論がなかったからではないか。思想的厳密さは、形態や方法の画一的厳密なパターンではない。頭の中の「マルクス・レーニン主義」に囚われて実は保守的だったと思う。もっと方法論的に寛容でいい。「こうすべきだ」と頭の中の正義の「べき論」で現実を軽視した。まさに、世界を単に様々に解釈した。現実を、世界を変えることに立ち遅れた姿があったと反省する。[17]」

ここまで言うか、とも思える精算主義的な物言いに聞こえる。私がここで述べてきたことは、重信の裡にあって、すでに熟成を待っている事柄なのだろう。立場は異なっても、お互い、ここにしか新たな出発点はないのだ。

（文中、敬称略）

（1）私はこの問題について、ミーダーン（パレスチナ・対話のための広場）編『〈鏡〉としてのパレスチナ――ナクバから同時代を問う』現代企画室、二〇一〇年所収の「パレスチナ解放闘争以前と以後の諸問題」で論じている。

（2）信原孝子著、信原孝子遺稿・追悼文集編集委員会編『聴診器を手に絆を生きる――信原孝子医師のパレスチナ解放運動と地域医療』インパクト出版会、二〇一五年。

（3）世界的な視野で同時代を捉えようとした雑誌『世界革命運動情報』レボルト社、一九六七～一九七二年（全二八号＋特別号三冊）の発行や、米国の経済封鎖とたたかう革命キューバに、砂糖黍刈りの援農ボランティアに出かける若者たちの動きに、それは象徴されていた。

（4）共産主義者同盟赤軍派編『世界革命戦争への飛翔』三一書房、一九七一年のカバーには「討論参加高橋和巳」とあるように、病気がちの身でありながら『悲の器』『邪宗門』『我が心は石にあらず』『憂鬱なる党派』などで旺盛な表現活動をしていた三九歳の作家が、赤軍派の言動に「新しいもの」を感じて、同派の若いメンバーとの討論に参加している。同書の刊行から二ヵ月後に高橋は病死した。現代の作家・大江健三郎は『洪水はわが魂におよび』『河馬に噛まれる』において、また桐野夏生も、『夜また夜の深い夜』『抱く女』『夜の谷を行く』などに見られるように、日本赤軍や連合赤軍を背景にもつ作品群を生み出し続けている。

(5) 田宮高麿『わが思想の革命――ピョンヤン18年の手記』新泉社、一九八八年、一〇〇―一七一頁。

(6) 捉え方の変遷をたどるために、刊行時期を、最新書から過去に遡及して並べてみる。重信房子『戦士たちの記録――パレスチナに生きる』幻冬舎、二〇二二年。和光春生「一九七二年リッダ（テルアビブ）空港銃撃決死作戦総括の深化に向けて」『情況』第五期休刊号、情況出版株式会社、二〇二二年。丸岡修『丸岡修自述　元・日本赤軍指揮官告白録』風塵社、二〇一二年。和光春生『日本赤軍とは何だったのか――その草創期をめぐって』彩流社、二〇一〇年。【水平線の向こうに】刊行委員会編『水平線の向こうに――ルポルタージュ　檜森孝雄』風塵社、二〇〇五年。

(7) 重信『戦士たちの記録』、「第二章　戦士たちのリッダ闘争」。

(8) 重信「戦士たちのリッダ闘争」、一九六頁。

(9)『遺稿』編集委員会編『天よ、我に仕事を与えよ――奥平剛士遺稿』田畑書店、一九七八年。

(10) パトリシア・スタインホフ著、木村由美子訳『死へのイデオロギー』岩波書店、二〇〇三年（初版は、『日本赤軍派――その社会学的物語』河出書房新社、一九九一年として刊行された）。

(11) 重信房子『「ハーグ事件」共謀共同容疑・2つの旅券法違反容疑　最終意見陳述要旨（二〇〇五年一〇月三一日・東京地裁）』重信房子さんを支える会、二〇〇八年、三頁ならびに九五頁。重信が書いた手記・回想録は多数出版されており、二〇二二年五月の満期出所に合わせて刊行された『戦士たちの記録――パレスチナに生きる』幻冬舎、二〇二二年が最新のものである。

(12) 丸岡『丸岡修自述』、六頁。

(13) サパティスタ民族解放軍著、太田昌国・小林致広編訳『もう、たくさんだ！　メキシコ先住民蜂起

の記録1』現代企画室、一九九五年、一九七頁。
(14) 若桑みどり『戦争がつくる女性像——第二次世界大戦下の日本女性動員の視覚的プロパガンダ』筑摩書房、一九九五年(その後、ちくま文庫、二〇〇〇年)。同『戦争とジェンダー——戦争を起こす男性同盟と平和を創るジェンダー理論』大月書店、二〇〇五年。
(15) 若桑『戦争とジェンダー』、六頁。
(16) 松下竜一『怒りていう、逃亡には非ず——日本赤軍コマンド 泉水博の流転』河出書房新社、一九九三年、一六九-一七〇頁。
(17) 重信『戦士たちの記録』、三五二頁。

第7章

ジェンタイル・シオニズムとパレスチナ解放神学

役重善洋

はじめに——ジェンタイル・シオニズムという視点

本章における私の問題意識を述べておきたい。私は大学院生だった一九九〇年代中頃からパレスチナ問題に関心を寄せてきたが、決定的だったのは第二次インティファーダが始まって間もない二〇〇〇年末にパレスチナを訪ねたことである。一か月半ほどの間、連日、現地NGOや難民キャンプ、イスラエル側の平和団体等々を訪ね歩き、また、デモに参加したりした。多くのパレスチナ人から、日本に帰ったらあなたが目にした現実を他の人びとにしっかりと伝えてほしいと言われた。それは活動家や知識人に限ったことではなく、市井の人びととの出会いにおいてもまったく同様であった。むしろそうした人びとの方が苦境を伝えることにより真摯であったように思う。パレスチナ／イスラエルの外の世界の認識が変わらなければ、自分達の解放は達成され得ないということを彼／彼女らは皆よく理解していた。

その後、パレスチナ情勢は悪くなる一方で、結果的に二〇年以上この問題に市民運動、あるいは研究を通じて関わってきた。その間、常に強く意識してきたことが、パレスチナ／イスラエルの外の世界、とりわけ日本におけるパレスチナ問題認識のあり方であった。日本の高校世界史の教科書には帝国主義時代における英国の「三枚舌外交」について最低限のことが書かれているものの、なぜ英国がシオニズムを支援したのか、また第二次世界大戦後、なぜ米国がイスラエルを支援し続けているのか、といった素朴な疑問に十分答える記述にはなっていない。日本の対米従属外交のあり方を問うてきた市民運動においても、この問題が深められてきたとは必ずしも言えない。そうした中、日本におけるリベラリズムの系譜において重要な位置を占めるキリスト教知識人である内村鑑三や矢内原忠雄が、シオニズム運動を神の計画の一環として終末論的に受け止めていたことなども含め、グローバルな植民地主義の歴史において宗教と民族の問題がいかに交差し、私たちの世界認識を形成してきたのかについて、自らの立ち位置を踏まえた構造的な把握が必要だと考えるようになった。

本稿では、これらの問いを考察する上で鍵となる概念として、ジェンタイル・シオニズム、すなわち「非ユダヤ人」によるシオニズム支持・推進の歴史と現状について説明し、また、この動きに対抗してきたパレスチナ人クリスチャンおよびユダヤ教徒による解放の神学の模索の足取りについても紙数と力量の許す範囲で紹介したい。

ジェンタイル・シオニズム／キリスト教シオニズム

現在、ジェンタイル・シオニズムという用語はあまり一般的ではなく、キリスト教シオニズムという表現の方が広く流通している。しかし、このキリスト教シオニズムという言葉は、米国の福音派クリスチャンによる原理主義的なイスラエル支持というイメージと強く結びついているため、問題を矮小化してしまいかねないという懸念がある。次節以降でより詳しく確認するが、この政治的・宗教的イデオロギーは、欧米キリスト教世界におけるユダヤ人理解およびパレスチナ認識の伝統に根差した、より広範な現象として捉える必要がある。また、近年においては、一部アラブ諸国とイスラエルとの関係正常化を「アブラハム合意」と名付けたり、インドとイスラエルとの関係強化をヒンズー原理主義の枠組みにおいて正当化したりするなど、非キリスト教世界においてもイスラエル国家への支持を宗教的言辞によって正当化しようとする様々な動きが表面化している。これらの動向を総体として捉える概念として、ジェンタイル・シオニズムの視角は今後ますます重要になると私は考えている。

他方、キリスト教シオニズムという言葉の定義をめぐっても、上記のような問題意識に立ち、より広い視野から捉え直そうとする試みがある。キリスト教シオニズムに関する代表的な研究者の一人であるノーステキサス大学のロバート・O・スミスは、この現象を「現在のイスラエル・パレスチナを構成する地理的領域に対するユダヤ人（教徒）の支配を促進ないし維持するために、特にキリスト教徒の関与によって起こされる政治的行動」と定義する。ここでは、キリスト教シオニズムはあくまでも、「政治的行動」として捉えられており、聖書解釈や信仰のあり方に本質を求めないという明確な姿勢が示されている。以上のような議論の状況を踏まえ、筆者はジェンタイル・シオニズムの概念を重視しつつ、現代のキリスト教徒によるジェンタイル・シオニズムについては、適宜、キリスト教シオニズムという言葉も以下の節において用いることとする。

イギリス帝国主義とジェンタイル・シオニズム

そもそも、ユダヤ人のパレスチナへの「帰還」を促進すべきという議論がキリスト教徒によって最初に唱えられるのは、ヘブライ語聖書（旧約聖書）の再解釈が積極的に行われるようになる宗教改革期イングランドにおいてであった。この終末論的な聖書解釈におけるユダヤ人の「パレスチナ帰還」は、パレスチナを「占領」するイスラーム教徒への軍事的キャンペーンとされており、オスマン帝国の崩壊をもたらすことが期待されていた。これは、アジアのキリスト教国が十字軍に参加し、キリスト教世界によるイスラーム教徒からのエルサレム奪還が実現されるという、中世ヨーロッパにおける「プレスター・ジョン伝説」の焼き直しと言えるものであった。すなわち、当時のヨーロッパ諸国の実力では圧倒的に劣勢にあったオスマン帝国との軍事的対立にユダヤ教徒を利用しようという政治的願望がそこには込められていたのである。ここで想起すべきことは、ラビ・ユダヤ教の教えにおいて、集団によるパレスチナ帰還は固く禁じられており、またその禁則が無効になったと考えたシャブタイ・ツヴィのメシア運動などでも、背景にあったのはヨーロッパにおけるユダヤ教徒の迫害状況であり、軍事的にイスラーム世界に対抗しようなどという意図はまったくなかったということである。

後に、こうした極めて政治的な聖書解釈はレストレーショニズム（ユダヤ人帰還論）と呼ばれるようになった。ユダヤ人帰還論は、特にナポレオン戦争後、オスマン帝国の権益をめぐる列強の角逐が激化する中で英国において積極的に唱えられるようになり、他の列強に先駆けてのエルサレム領事館の開設など、政策に影響を及ぼすようになっていった。ロシアやフランスはパレスチナにおけるギリシア正教徒やカトリック教徒のコミュニティを通じた影響力の行使が可能であったのに対し、足掛かりとなる現地宗教コミュニティをもたないプロテスタント国のイギリスは、欧州・中東世界に遍在するユダヤ教徒を保護するという大義名分を主張し始めたのである。しかしながら、あくまでもキリスト教終末論のヨーロッパ中心的な解釈であるレストレーションニズムは、パレスチナに帰還したユダヤ教徒が最終的にキリスト教に改宗することを大前提としており、イギリスやパレスチナ現地のユダヤ教徒コミュニティが積極的に協力するようなことはなかった。

ところが、一九世紀末、欧州におけるユダヤ人迫害の激化を背景として世俗的ユダヤ人を中心としたシオニズム運動が起こると状況が変わる。初期シオニズム運動の指導者が、キリスト教世界の政治家や世論に支持を訴える手段としてレストレーションニズムを再評価するようになったのである。その際、レストレーションニズムが有していたユダヤ人の改宗という反ユダヤ主義的側面は敢えて見過ごされ、むしろヨーロッパ・キリスト教社会における「親ユダヤ的潮流」というような位置付けがなされた。また、バルフォア宣言を出したバルフォア卿のような、宗教的というよりはむしろ、東欧・ロシアから英国へのユダヤ人移民の受け入れに反対する立場からのシオニズム運動支持者についても、やはりシオニズム運動の重要なパトロンとして位置付けられた。そうした中で使われるようになったのがジェンタイル・シオニズムという呼称である。つまり、ユダヤ人シオニストから見たときの、クリスチャンのシオニズム支持に対する呼称としてジェンタイル・シオニズムという言葉が使われるようになったのである。

アメリカ帝国主義とキリスト教シオニズム

ジェンタイル・シオニズムに代わり、キリスト教シオニズムという用語が一般化するのは第三次中東戦争後、米国が新興国イスラエルを中東における重要な戦略的資産とみなすようになり、同国の福音派プロテスタントが急速にイスラエル支持の姿勢を強めていく中でのことである。その際に中心的な枠組みとなったのがディスペンセーショナリズムという教義である。この終末論的な聖書解釈は、もともと一九世紀前半に英国で生まれたもので、アダムの創造から最終的な神の勝利に至るまでの人類史を神と人間との契約更新という観点から通常七つの時代区分（ディスペンセーション）に分ける。現代は、イエスの復活に始まる第六の時代である「異邦人の時代」の最終段階にあるとされる。第七の時代は再臨したイエス・キリストが統治する千年王国時代である。

ディスペンセーショナリズムには様々なヴァリエーションがあるが、際立った特徴として共通しているのは、人類をユダヤ人と非ユダヤ人とに二分し、神の約束は、ユダヤ人に対するものと非ユダヤ人に対するものとで人類史を一貫して異なったものであるとする点である。これは、ヨーロッパにおけるユダヤ人の解放、すなわち政治的権利を含めたキリスト教徒との平等をもたらしつつあった世俗的ナショナリズムの展開に対する、キリスト教ナショナリズムの立場からの反発を反映したものとして捉えることも可能であろう。

また、第六の時代から第七の時代に移行する際には、エルサレムを中心に破滅的な戦争が起こり、キリストを贖い主として認めないままでパレスチナに帰還したユダヤ人の多くが犠牲になるとされる。キリスト教的使命の拡大・完成という観点からユダヤ人およびパレスチナの地を特別視する、欧米中心主義的・反ユダヤ主義的な世界観がディスペンセーショナリズムには明確に刻印されている。

ディスペンセーショナリズムの展開でさらに重要なことは、米国には、ヘブライ語聖書における古代イスラエル王国をニューイングランド植民地ないしアメリカ合州国の「予型」として捉える聖書解釈の伝統があるということである。第三次中東戦争後、米・イスラエル関係の緊密化が進むと、それぞれの民が神から与えられた「明白な使命」を負って人類の歴史を主導するという素朴な「選民意識」とディスペンセーショナリズムとは強い親和性を示すようになった。その際も、やはり後者のフレームワークに埋め込まれている反ユダヤ主義的終末観はうやむやにされるのであった。キリスト教シオニズムの中心的指導者としてイスラエル政府と提携してきたパット・ロバートソンやジェリー・ファルエル、ジョン・ハギーといった人びとからは、しばしば、ユダヤ人に「神殺し」の罪を負わせる伝統的な反ユダヤ主義的発言が飛び出し、そのたびに「スキャンダル」としてニュースにされてきた。しかし、むしろそのような主張こそ、キリスト教シオニズムの本質を表していると言わねばならない。

パレスチナ人クリスチャンと非宗派的ナショナリズム

これまで、欧米キリスト教世界におけるユダヤ人認識・パレスチナ認識のバイアスという土壌の中からキリスト教シオニズムが生まれてきた経緯を概観した。このバイアスの中で、極めて苦しい立場に追いやられ、また、そうであるがゆえにもっとも本源的なキリスト教シオニズム批判を展開してきたのが、パレスチナ人クリスチャンである。とはいえ、彼らが自身のキリスト教徒としてのアイデンティティを強調したかたちでシオニズム批判をするようになったのは比較的最近のことである。ましてや、聖書解釈の次元に踏み込んだ批判が本格化するのは一九九〇年代以降のことである。それがなぜなのかを理解するためには、歴史を振り返る必要がある。

ナポレオンによるエジプト・パレスチナ侵攻を契機としてヨーロッパ列強はオスマン帝国への進出を加速し、それと並行するかたちで欧米、とりわけ英米プロテスタントのミッショナリーによる宣教活動が各地で行われるようになった。しかし、ミッショナリー達は改宗させようとしたイスラーム教徒やユダヤ教徒等の各宗教コミュニティの猛反発に直面し、正教徒の一部をプロテスタントに改宗させるに留まった。

多宗教の共存を前提とするイスラーム社会における宣教活動の困難を認識したミッショナリーは、一九世紀中頃には、現地で強く求められていた教育や医療の分野に活動を絞っていった。そうした中で、アラブ世界への近代西洋文化の紹介者として主導的役割を果たし、また、世俗的なアラブ民族主義の形成をリードしたのがアラブ人クリスチャンであった。米国外国伝道協会（アメリカン・ボード）がベイルートに設立したシリア・プロテスタント・カレッジ（現ベイルート・アメリカン大学）などで近代的知識を身に着けた彼らは、イスラーム社会における宗教的マイノリティという立場を背景に、宗教的差別のない非宗派的ナショナリズムを主張したのである。

この傾向は二〇世紀に入り独自の進展を見るパレスチナ解放運動においても明確であった。英国委任統治下パレスチナでの初期パレスチナ解放運動においても、ナクバ後にパレスチナ解放運動が再生されていく過程においても、指導者の中には多くのキリスト教徒がいた。彼らの多くは、非宗派的で民主的な独立パレスチナという解放運動の目標設定に深くコミットした。

また、宣教運動によってパレスチナに誕生した聖公会やルーテル教会などプロテスタントのパレスチナ人らは、解放運動の発展を背景として当初ミッショナリー主導だった教会政治における主導性を次第に確立していった。そして欧米のキリスト教会との結びつきを利用するかたちで、パレスチナ人が置かれている権利はく奪状況に対する注目と行動を世界のクリスチャンに向けて要請するようになっていった。とりわけ一九七〇年代に入り、パレスチナ解放運動が二国家解決を含めた妥協案を模索し始める中、国際世論への働きかけという点においてパレスチナ人クリスチャンは重要な役割を果たした。一九七四年、中東地域の正教会、プロテスタント各派を包摂する中東教会協議会（MECC）が結成され、さらに一九九〇年にラテン典礼および東方典礼のカトリック教会が加わり、事実上この地域のすべての教派を包摂する協議機関が実現したことは、パレスチナ人の主張を国際社会に届ける上で大きな意味をもった。

しかし、そうした中においても、パレスチナ人クリスチャンが、宗派を超えたクリスチャン・アイデンティティを強調し、解放の理念と宗教的理念を結びつけた主張を積極的にするようになるのは一九八七年に始まる第一次インティファーダ勃発以降のことであった。一九七〇年代から、中南米・アジアにおいては反植民地主義・反人種主義にコミットする解放の神学の展開があったものの、この時期、中東においては、宗教シオニストやイスラーム主義者の台頭があり、宗教的な論理を政治に持ち込むことに対しては慎重にならざるを得ない状況があった。

パレスチナ人クリスチャンによる解放の神学

一九八二年のパレスチナ解放機構（ＰＬＯ）のベイルートからの撤退は、離散パレスチナ人を結集軸としてきた解放運動の性格に変化をもたらし、パレスチナ被占領地、すなわち西岸・ガザ地区におけるリーダーシップの成長を促した。イスラエル占領下のパレスチナ社会における内発的な解放運動の機運は、一九八七年一二月に始まる第一次インティファーダとして噴出した。そのような中で、パレスチナ人クリスチャンによる解放の神学は生まれた。

この動きの端緒を開いたのは、聖公会エルサレム教区のナイーム・アティーク司祭である。彼は、パレスチナ解放神学の誕生について、インティファーダに対する弾圧下、自身が牧する東エルサレムの聖ジョージ教会における日曜礼拝後、信徒達と交流の時間をもつ中で交わされる討論から、人びとの経験に裏打ちされた聖書解釈が生まれたと証言する。

イスラエル占領軍の蛮行によるパレスチナ人の苦難のただ中で、私たちの信仰共同体のメンバーは、自分たちの討論が霊的・神学的な治療法であることに気づきました。これらの討論は人々の信仰を深め、人々に一週間の慰めと励まし、希望を与えました。（…）パレスチナ人キリスト者にとって、イエス・キリストは自分たち自身に他ならないと思われました。彼らはイエスを、その生涯をローマの占領の下で生き、最終的には当時の宗教的指導者と結託した占領暴力によって殺害された仲間のパレスチナ人として認識しました。そのような発見は、ほとんどの人々にとって重要な神学的意味をもたらし、献身を促す大きな動機になりました。[1]

抑圧・不正義の下にある民衆の苦難の中で形成されたという点において、パレスチナ解放神学は、一九六〇年代に中南米に始まり、北米の黒人解放神学や韓国の民衆神学などのかたちで世界的な広がりを見せた解放の神学の系譜に位置付けられるものである。しかし、①パレスチナ自体が聖書における物語の主要な舞台であること、②パレスチナのキリスト教徒がイスラーム社会における圧倒的マイノリティであること、③シオニズム運動による聖書の政治的利用に対抗するという喫緊の必要に迫られていること、という互いに連関する三点において、パレスチナ解放神学は、それまでの解放神学が立ち向かってきた困難とは異なる条件に規定されている。

従来の解放の神学においては、変革の主体としての被抑圧者と神との関係に焦点が絞られ、抑圧者をも含めた総体的な人類の解放というような課題は、十分議論されてこなかったように思われる。それは、解放の神学の提唱者の側の問題というよりも、その声を受け止める側の限界として理解すべきであろう。黒人解放神学の草創期にジェイムズ・H・コーンが発した「彼等［白人クリスチャン］の側での、キリストの福音の反対命題としての白人性の本質そのものに挑戦する試みは、全くみられない。彼らは依然として『統合』について語っている」といった言葉は、そうした状況を物語る。[2] こうした二項対立的状況の克服という課題について、パレスチナ解放神学は、独自の歴史的条件の中で、新たな展望を提示しようとしているように見える。

解放の神学において、もっともよく参照されてきた聖書の書物は出エジプト記である。エジプトにおける奴隷労働に苦しむイスラエルの民が神によって解放され、約束の地を目指すという物語は、世界各地の被抑圧民衆の解放運動において普遍的なインスピレーションを与えてきた。しかしながら、ヘブライ語聖書における神によるイスラエルの民の救済というテーマは、神との契約を破ったイスラエルの民に対する神の裁きというもう一つのテーマとセットになっており、単線的な民族解放の物語に回収されることを拒否する性格を本来的に備えている。この側面は、従来の解放の神学において十分に顧みられてこなかった。また、出エジプト記（Exodus）は、映画『栄光への脱出（Exodus）』に如実に見られるように、シオニズム運動のイデオロギー的支柱として機能している現実があり、パレスチナ人にとって簡単に自己同一化できる物語ではなくなってしまっている。そうした中で、パレスチナ解放神学は、出エジプトをめぐる救済と裁きの両側面に注目せざるを得ない。ベツレヘムのクリスマス・ルーテル教会で長く牧師を務めたミトリ・ラヘブは、この問題について、預言者たちがイスラエルに対する審判の文脈において出エジプト記を引用していることに着目し、次のように述べている。

聖書における解放は、何かからの解放だけではなく、何かへの解放への言及である。これが、出エジプトの物語が紅海横断で終結しない理由である。反対に、十戒の授与がその直後に続く。（…）解放はそれと共に倫理的結果をもたらす。これが、旧約聖書の民が繰り返しエジプトにおける奴隷時代を忘れないようにと想起させられる理由である。[3]

このようにして、ラヘブは現代のイスラエル国家に対しても、神から課された倫理的条件を尊重することを要求する。しかし彼は、古代イスラエル人と現代のイスラエル人とを単純に同一視していない。先の引用の後に「約束の地における生の基礎としてエジプトで苦しんだ時代を思い起こすことの必要性は、おそらくクリスチャンのパレスチナ人とユダヤ人のための本質的出発点を提供できるだろう」と述べていることからも分かるように、パレスチナ人クリスチャンもまた、パレスチナにおけるモーセの信仰的継承者であり、その遺産をユダヤ教徒と分かち合っていると考えている（ここでイスラーム教徒への言及がないことは、パレスチナ解放神学の今後の課題を示しているように思われる）。

パレスチナ解放神学は、アティークらが一九九〇年代に立ち上げた「サビール・エキュメニカル解放の神学センター」が開催する国際会議などを通じて、パレスチナ内外に支持を広げ、キリスト教徒による国際的なパレスチナ連帯運動の理論構築およびネットワーキングの場を提供し続けている。そうした努力の成果として、二〇〇九年には、アパルトヘイト時代の南アフリカの教会が世界中のクリスチャンの連帯行動を呼びかけたカイロス文書（一九八五年）をモデルとした「カイロス・パレスチナ」が教派を越えたかたちで発表された。さらに二〇一〇年にはベツレヘム聖書大学を拠点とした「クライスト・アット・ザ・チェックポイント」と題した運動が開始され、これまで関わりが少なかった福音派クリスチャンを主な協働の対象としてシオニズム批判の議論を深める努力が続いている。

米国におけるユダヤ人解放神学の展開とパレスチナ問題認識の変化

前節で述べたようなパレスチナ解放神学の展開は、シオニストの側から強い批判を引き起こしてきた。その中心的論点の一つが、パレスチナ解放神学は、キリスト教における反ユダヤ主義的聖書解釈の伝統を繰り返しているという「置換神学」批判である。「置換神学」とは、ユダヤ教の民族主義的・形式主義的性格を乗り越え、普遍主義的な信仰を確立したのがキリスト教であり、神とイスラエルとの契約は神と教会との契約に置換されたとする聖書解釈に対する批判的呼称である。本節では、こうした議論に鋭く応答してきた米国におけるユダヤ人解放神学の議論を紹介したい。

ニューヨーク・メリノール神学校でユダヤ教学の教鞭をとっていたマーク・エリスが、ユダヤ人解放の神学を掲げた最初の本（*Toward a Jewish Theology of Liberation*）を発表したのは一九八七年である。アティーク司祭がパレスチナ解放神学の提唱を開始するよりも、少し早いタイミングであった。エリスは、ホロコースト後のユダヤ人の再生を最重視し、従来のユダヤ教神学の改革や打破を目指したリチャード・ルーベンシュタインやエミール・ファッケンハイム、アーヴィング・グリーンバーグなどのユダヤ人作家・神学者に注目した。そして、彼らの「ホロコースト神学」を積極的に評価した上で、その論理をパレスチナ人等、被抑圧者との連帯へとつなげることの必要を訴えた(4)。

エリスの議論は、パレスチナ解放神学とも響き合いながら、シカゴで非シオニストのシナゴーグ「ツェデック・シカゴ」を創設したブラント・ローゼンや、「カイロス・パレスチナ」への応答として設立された「カイロスUSA」の事務局長を務めるマーク・ブレイバーマンなどが引き継ぎ、発展させてきた。再建派ユダヤ教のラビであるローゼンは、パレスチナへの集団的帰還や、ユダヤ人の民族主義といった概念はラビ・ユダヤ教の伝統とは相容れないものであると主張する。(5) ブレイバーマンは、ユダヤ教には民族主義的側面と普遍主義的側面の両側面があることを認めた上で、後者の側面を促進する改革が必要であり、かつてそのような改革を志向したユダヤ教ラビとしてイエスを位置付ける。(6) ローゼンの議論を敷衍すれば、置換神学の前提にある民族宗教としてのユダヤ教という認識が誤りなのであるから、その枠組みを問わないシオニストの置換神学批判も誤りだということになる。ブレイバーマンの場合、ユダヤ教の民族主義的性格は乗り越えられるべきものとして今も残存しているという認識から、置換神学には正当な側面もあるという主張になる。いずれにせよ、米国におけるユダヤ人解放神学は、二項対立的な議論を慎重に排しつつ、同国におけるユダヤ人およびクリスチャンによるパレスチナ連帯運動と深く影響し合いながら発展してきた。パレスチナにおける不正に対してユダヤ人一般が直接的な責任を負っているわけではないことは強調しておく必要があるが、米国の主要なユダヤ人組織はシオニズムの立場に立っており、パレスチナ連帯運動によるシオニズム批判は、それらの組織から反ユダヤ主義だとの誹謗中傷を頻繁に受けてきた。そうした中、ますます明確になりつつあるシオニズムの暴力性・偽善性に加担したくないと考えるユダヤ人が、とりわけ若い世代において急速に増えている。二〇二一年七月の世論調査では、ユダヤ系米国人の四人に一人がイスラエルはアパルトヘイト国家であると考え、四〇歳未満においては実に三八％がそのように考えているという調査結果が出ている。こうした動向は、キリスト教会におけるパレスチナ連帯の動きに対する強力な側面支援となっている。イスラエル・ロビーの強力な牽制力の下、イスラエル批判に及び腰であった米国のキリスト教会であるが、カイロス・パレスチナの発表以降、イスラエルに対するボイコットや資本引き揚げの決議をあげるなどの政治的行動に踏み出しつつある。

おわりに――日本とアジアにおけるパレスチナ連帯の重要性

最後に、以上で概観してきたジェンタイル・シオニズムとパレスチナ解放神学の動向が、日本の市民社会における諸課題とどのように関わっているのかについて述べておきたい。欧米キリスト教世界の帝国主義的拡張に刺激を受けるかたちでシオニズム運動やアラブ民族主義が形成されてきた歴史と並行して、日本は独自の近代ナショナリズムと植民地主義を発展させてきた。ナショナリズムと植民地主義との間の原理的矛盾は、現在、イスラエルにおいても日本においても、排外主義を扇動する右派勢力の拡大というかたちで、破滅的とも言える影響を及ぼし続けている。問題形成の土台にあるグローバルな帝国主義の問題を問い返すことなく、侵略する側のナショナリズムと侵略される側のナショナリズムを「現実的」な妥協案によって懐柔しようとするご都合主義は、中東においてはオスロ合意の挫折、東アジアにおいては慰安婦問題日韓合意の挫折というかたちで破綻が明らかになっている。

このような状況において宗教がいかなる役割を担い得るのかを考える上で、宗教思想および宗教コミュニティがもつ越境性に注目する必要がある。越境する具体的な境界は、国境であるかもしれないし、あるいは、階級やジェンダー、社会階層の違いかもしれない。ジェンタイル・シオニズムないしユダヤ人シオニズムは、まさにこの宗教の越境性を植民政策のために政治利用したものである。このことは、帝国日本による侵略戦争への宗教組織の動員についても当てはまる。そして、宗教の政治利用が機能するためには、政治権力との癒着を正当化する宗教的イデオロギーが必要となるが、そのようにして公的保護の下で形成された政治的・宗教的イデオロギーは、独自の世界観と組織を発展させ、操作する側の政治権力に想定外の反作用を及ぼすリスクがある。これは、イスラエルにおいて勢力を拡大してきた宗教シオニストや、日本の保守政治における日本会議や「統一協会」が果たしてきた負の役割を思い起こせば容易に理解できることである。

他方、これまでの節でも見てきたように、宗教がもつ越境性は、国境・階級等々を越えた人びとの連帯を促進する可能性をも有している。日本の場合、特定の宗教に明確な帰属意識をもつ人の割合が比較的少なく、解放の神学がもつ普遍的メッセージは、自分自身の課題として受け止めにくいものとして認識されがちかもしれない。しかしながら、例えば、第二次世界大戦後の平和運動に重要な貢献をなした歴史家・家永三郎が、第二イザヤの預言に見られる「否定の論理」を日本における仏教思想の展開の中に見出そうとしたように、宗派を超えて共有し得る論理を異なる宗教思想の中に見出そうとする努力は、日本でも様々なかたちで行われてきた(7)。内村鑑三の非戦論や、彼の影響を受けた阿波根昌鴻の非暴力抵抗のように、宗教者のメッセージが広く社会的アピール力をもつことは日本において決してめずらしいことではない。しかしここで私たちは、内村が米国におけるキリスト教シオニズムの影響から、シオニズム運動をキリスト再臨の予兆、すなわち世界の不正義が正される変革の前触れとして捉えていたことを再び思い起こさなければならない。私たちは、パレスチナ解放神学と響き合える解放の思想を、様々な民衆運動の交差の中で紡ぎ、鍛えていくことが求められている。このことは、日本とイスラエルの軍事・セキュリティ協力が深まりつつある今日、喫緊の課題と言える。

（1）ナイム・アティーク著、岩城聰訳『サビールの祈り――パレスチナ解放の神学』教文館、二〇一九年、七〇－七一頁。
（2）J・H・コーン著、梶原寿訳『解放の神学――黒人神学の展開』新教出版社、一九七三年、二二三頁。
（3）ミトリ・ラヘブ著、山森みか訳『私はパレスチナ人クリスチャン』日本キリスト教団出版局、二〇〇四年、一八五－一八六頁。
（4）Marc H. Ellis, *Toward a Jewish Theology of Liberation*（New York: Orbis Books, 1987）.
（5）Brant Rosen, *Wrestling in the Daylight: A Rabbi's Path to Palestinian Solidarity*（Washington DC: Just World Books, 2012）.
（6）Mark Braverman, *Fatal Embrace: Christians, Jews, and the Search for Peace in the Holy Land*（New York: Beaufort Books, 2010）.
（7）家永三郎『日本思想史に於ける否定の理論の発達』弘文堂、一九四〇年。

第8章

パレスチナと共闘するための宗教

分断に抵抗した越境的思想家たち

早尾貴紀

ジュディス・バトラーによるレヴィナス、アーレント批判

「イスラエル・パレスチナ紛争」は世間一般には「宗教対立」として語られる。新聞やテレビ、高校教科書レベルの図式的解説では、これは「ユダヤ人対アラブ人」の民族紛争であり、その民族性をそれぞれ支えるものとして「ユダヤ教対イスラーム」という宗教対立が土台にある、と。そしてその二つの宗教勢力が、双方にとっての聖地エルサレムを中心とする領土をめぐって、その支配権を争っている、というわけだ。

もちろんこうした短絡に対して、最も本質的でかつ強力な反論は、この紛争の本質は、ヨーロッパの人種差別と植民地主義であり、ヨーロッパで迫害したユダヤ人をパレスチナに集団入植させたことにある、というものだ。この場合、ヨーロッパでユダヤ教徒を人種化し他者化したこと、およびその反動として、迫害され入植した「ユダヤ人」が自らを人種化しつつパレスチナ人を人種化し他者化したことにおいて、宗教的要素は利用されはしたが、しかし宗教そのものは対立要因ではないということになる。

実際、ユダヤ人国家主義、つまりユダヤ人が中心的な国民である国家を建設しようという一九世紀後半から二〇世紀前半にかけての思想運動と、一九四八年に建国宣言がなされたイスラエル国家の正当性を守ろうとする思想運動を、一括りに「シオニズム」と称するが、シオニズムはまずもって世俗政治的な民族主義と国家主義の複合体であり、ユダヤ教とは峻別されるべきであることは、つとに指

摘されてきた（にもかかわらず、世間一般にはユダヤ教徒＝ユダヤ人＝イスラエル国家というように等置され一体視されてきているのではあるが）。

この問題について、近年最も綿密に主題化して論じたのが、自ら敬虔なユダヤ教徒であるアメリカ合衆国の哲学者ジュディス・バトラーである。『分かれ道――ユダヤ性とシオニズム批判』と題された二〇一二年刊行の書物で、バトラーは二〇世紀のユダヤ系思想家たちを次々と取り上げては、ユダヤ教が、そしてより広義の「ユダヤ性」が、シオニズムとは相入れないことを詳細に論じていった。検討されていったのは、エマニュエル・レヴィナス、ヴァルター・ベンヤミン、ハンナ・アーレント、プリーモ・レーヴィである。ユダヤ人の経験してきたディアスポラ（追放・亡国・離散）および迫害から生み出されてきたユダヤ教・ユダヤ思想は、異郷の地でマイノリティとして生きる倫理、複数性や他者性を肯定し異教徒と共存する倫理を練り上げてきた。ディアスポラの地バビロニアで編纂されたラビの教えの集大成『タルムード』（六世紀頃成立）から始まりつつ、一九世紀から二〇世紀にかけてのヨーロッパ近代の国民国家の時代においては、支配的「国民」と化していくキリスト教徒との共存の哲学が、あるいは逆に迫害に対する反動としてのユダヤ人国家を肯定する哲学が、さらにはその折衷的思想が模索された。バトラーが同書で論及したのは、この国民国家とユダヤ人迫害（ホロコースト）とイスラエル建国の時代に思索を深めたユダヤ思想家たちである。

もちろんバトラーは、大量虐殺とイスラエル建国というもっとも切迫した状況でもっとも切実に思想形成をしたユダヤ系の哲学者たちを取り上げているわけだが、しかしバトラーはそこでレヴィナスとアーレントに対して厳しい批判の目を向けている。

エマニュエル・レヴィナスの倫理においては、「汝、殺すなかれ」を命ずる他者の「顔」という思想が、すなわち人間の身体で剥き出しとなっている「顔」を見ることが、ユダヤ人を迫害する全体主義戦争の暴力に対する批判になるとともに、正義の名のもとであれ復讐の暴力に対する抑止にもなるという。この非暴力の倫理を開く思想こそがユダヤ教という「宗教」あるいはメシア的伝統だとレヴィナスは言う[1]。しかし、バトラーが指摘するのは、レヴィナスにあってはパレスチナ人には「顔がない」という事実である[2]。レヴィナスは「他者に対する倫理」を繊細に論じた思想家として知られながら、他方で強固な「政治シオニスト」としても知られており、断固として戦後の現代イスラエル国家の存在を、そしてそのユダヤ人国民の入植と占領と戦争という暴力を肯定してきた[3]。

このあからさまとも言えるダブルスタンダードは何に由来するのか。バトラーは、レヴィナスが、ユダヤ人を本質的かつ定義的に「迫害される側」であり、「迫害する側」にはなりえないものと前提していること[4]、および、アシュケナジーム（西欧ユダヤ人）中心主義につまりヨーロッパ中心主義に陥っていること[5]、この二点を指摘する。そこには、イスラーム・ムスリムのみならず、スファラディーム（中東圏のユダヤ人。ミズラヒームとも重なる）の周辺化と除外が見て取れる。

バトラーが同様の指摘をしたのが、ハンナ・アーレントに対してだ。アーレントは、ユダヤ教を国家的なアイデンティティとすることに反対し、「ユダヤ人国家」（イスラエル）の建設に批判的であったことで知られる。その点ではレヴィナスとは大きく思想的立場を異にしながらも、アーレントが想定する「ユダヤ人」がアシュケナジームつまり「ヨーロッパ人」であり、中東のユダヤ人であるスファラディームの存在を消し去っている、とバトラーは指摘する[6]。さらにアーレントが、サハラ以南のアフリカ大陸を「暗黒大陸」と呼び、アメリカ合衆国のアフリカ系市民へも差別意識を持っていたことも知られている[7]。つまるところ、アーレントにおける「ユダヤ人」「ユダヤ性」が、ヨーロッパ的理性の分有によって特徴づけられており、アーレントがカント哲学を普遍性原理として倫理的基礎に置いていたことに、そのヨーロッパ中心主義は由来する、とバトラーは指摘するのである[8]。

ジャック・デリダのなかの「ユダヤ人」

ジュディス・バトラーがハンナ・アーレントにおけるカント哲学への依拠を指摘する際に、類比的に論じられていたのが、新カント派の哲学者でユダヤ系ドイツ人のヘルマン・コーエンである。第一次世界大戦中の一九一五年にシオニズムに反論する流れでコーエンは「ドイツ性とユダヤ性」という論文を書き、ユダヤ人はヨーロッパに帰属する以上、ユダヤ人国家は必要がないとして、ドイツ・ナショナリズムへの熱心な支持を論じた。

このコーエンの論考を徹底的にかつ批判的に読解したのが、アルジェリア出身でスファラディのユダヤ人哲学者であるジャック・デリダである[9]。なぜかは分からないが、バトラーは『分かれ道』において、カントからレヴィナスとアーレントまでを論ずるなかできわめて多くの論点を共有するはずのデリダへの論及を不自然なまで回避しているが、カント的理性のヨーロッパ中心主義に対する批判と、そして自らがスファラディであるという背景とを持つデリダをここで取り上げないわけにはいかない。

デリダが一九八八年にエルサレムのヘブライ大学で「戦争中の諸解釈――カント、ユダヤ人、ドイツ人」を発表したのは、その前年の一九八七年から始まったパレスチナ民衆による組織的な抵抗運動（インティファーダ）の真っ只中でのことであった。デリダはこの哲学史に深く分け入る発表が、パレスチナ／イスラエルの厳しい暴力のもとでなされることを強く意識していると冒頭で明言している[10]。この論考のなかでデリダは、ヘルマン・コーエンが、ユダヤ民族とドイツ民族、ユダヤ教とプロテスタントを結びつける親近性をプラトンのイデア論（ギリシャ哲学）とルターによる宗教改革によって基礎づけた一方で、イスラーム統治下の中世スペインでマイモニデスをはじめとするユダヤ人学者らがギリシャ哲学をアラビア語へと翻訳し、さらにラテン語へと重訳していたという契機を無視したことを指摘している。「マイモニデスは自分のことをむしろユダヤ－アラブ的だと感じていたのだが、その彼がポスト・ルターのドイツとの同盟に知らないうちに署名させられた」[11]。すなわち、アラブ・イスラームの介在を黙殺することで、ギリシャ－ユダヤ－ドイツの紐帯を、あるいはギリシャ哲学－ユダヤ教－キリスト教の紐帯を本質化しているのであり、その紐帯をもっとも代表するのがカント哲学である、とこの新カント派の哲学者コーエンは言うのだ。

このドイツ系ユダヤ人哲学者たちによる、キリスト教徒との一体化およびドイツ・ナショナリズムの支持か、あるいはユダヤ・ナショナリズムおよびシオニズムへの傾倒か、あるいはいずれにも与しないディアスポラ主義か、という論争や影響関係は、コーエン以降、コーエンの議論を範例として、第一次世界大戦後のナチズムの台頭と第二次世界大戦を挟んでイスラエル建国にいたるまで、フランツ・ローゼンツヴァイク、ヴァルター・ベンヤミン、ゲルショム・ショーレム、マルティン・ブーバー、ハンナ・アーレントらをことごとく否応なしに巻き込んでいった。だが、その誰一人として、イスラームはもちろんのこと、中東のユダヤ人であるスファラディームに向き合えた者はいなかった。

それに対してアルジェリアのユダヤ教コミュニティを自らの出自とするジャック・デリダは、その最初期の著作『エクリチュールと差異』（一九六七年）から最晩年の講演をもとに死後刊行となった『最後のユダヤ人』（二〇一四年）にいたるまで、繰り返しこの中東のユダヤ人を論じてきた。『エクリチュールと差異』では、浩瀚で緻密なミシェル・フーコー批判の論考とエマニュエル・レヴィナス批判の論考とのあいだに、「エドモン・ジャベスと書物の問い」という詩的な響きを持つ短い散文が挟まれている。これは、エジプト出身のスファラディのユダヤ人の詩人、エドモン・ジャベスの『問いの書』[12]をめぐる文章である。ジャベスは一九一二年にエジプトのカイロに生まれるが、一九五七年に独裁的なナーセル政権によってエジプトを追放されフランスに移住した。

同じく北アフリカ地域出身のユダヤ人としてデリダはジャベスに限りない親近感を示し、その前後の章でフーコーやレヴィナスに対して執拗に徹底した批判を加えたのとは異なり、ジャベスの声、しかも架空の無数のレブ（ユダヤ人の師）の声を借りて発せられるそのアフォリズムを、反響させるように敷衍している。それによるとユダヤ人にとっての〈場所〉は、「領土に属する経験的で国家的な〈ここ〉ではない」、それは「伝承」であると同時に「未来」でもあるような「向こう」であり、むしろ〈非・場所〉であるとして、領土国家イスラエルが拒絶されている[13]。そしてユダヤ人は、領土国家にではなく「書物」に、砂漠で生まれた砂でできた聖書に、「砂漠」という場所ならざる場所に、帰属することなく帰属する「遊牧民＝ノマド」であるという[14]。

そのようなユダヤ人としてのジャベスは、「ユダヤ人以上のユダヤ人であるとともに、ユダヤ人以下のユダヤ人」であるとデリダは言うが、これはまさに「最後のユダヤ人」としてのデリダ本人のことでもある。すなわち「最もユダヤ的でない人」の意としての「最後のユダヤ人」だ[15]。砂漠は、もちろんジャベスとデリダがルーツを持つ中東・北アフリカを象徴しているが、それはヨーロッパではない場所のことであり、アシュケナジームによるヨーロッパ・ユダヤ思想がユダヤ思想の中心であるかのように論じられていることに対する強い異論になっている。『最後のユダヤ人』でデリダは、エマニュエル・レヴィナスがユダヤ教－キリスト教の繋がりのうちに預言者アブラハムを置いているのに対して、「レヴィナスとは異なるユダヤ教の岸から、地中海の対岸からやって来たユダヤ人」として、そこに「イスラーム－イブラーヒーム的なものの不在」を指摘する[16]。

実際、「アブラハムの一神教」は、ユダヤ教とキリスト教とイスラームとを指すのであり、アブラハムを含む共通の預言者たちと、『モーセ五書』を含む共通の啓典を共有している以上、そもそもこの三つは別々の宗教と言うよりも、「三つの宗派」と呼ぶべきであろう（さらにそのそれぞれが細かな宗派に細分される）。また、アブラハムとアラビア語名「イブラーヒーム」とは同一人物を指し、その子であり異母兄弟となるイツハク（イサク）とイスマーイール（イシュマエル）とは、前者がユダヤ人の祖先、後者がアラブ人の祖先となる。すなわちユダヤ人とアラブ人とは、アブラハム＝イブラーヒームを共通の祖先としているのである。

したがって、その墓廟であるイブラーヒーム・モスクのあるヨルダン川西岸地区のアラブ人の街ヘブロン（アル・ハリール）は、ユダヤ教原理主義者・過激派が自ら武装しつつイスラエル軍にも守られながら強硬に集団入植して占領したことで、パレスチナで最も暴力と緊張が蔓延してきた場所である。そのユダヤ人過激派の入植と暴力の結果、イブラーヒーム・モスク内部は、イブラーヒーム＝アブラハムの墓を挟んでイスラームのモスク側とユダヤ教のシナゴーグ側とに二分割され、アラブ人（パレスチナ人）とユダヤ人（イスラエル人）とは建物の正反対側にある別々の入り口を用いて、鉄格子に囲まれたイブラーヒーム＝アブラハムの墓をそれぞれ別側から拝むかたちになっている。それはまるで一人の預言者の身体が真っ二つに切断されたかのようにも映る。

ヨーロッパのユダヤ思想家たちに、中東のスファラディームとイスラームの「不在」を指摘すると き、デリダはシオニズムに対して否定的なのはもちろんのこと、一般的なユダヤ教からも距離を置いた。「もっとも少なくユダヤ的である者、もっともユダヤ人にふさわしくない者」としての「最後のユダヤ人」である、と自らを称して(17)。

それゆえにであろう、デリダはこの『最後のユダヤ人』のもとになる講演の後、亡くなる前年の二〇〇三年に、パリのアラブ世界研究所で開催された故郷アルジェリアに関するシンポジウムに出席し、アルジェリアのイスラーム学者ムスタファ・シェリフと対談を行なっている。そのなかでデリダは、自らのルーツがアルジェリア以前にはイスラーム統治下のスペインのユダヤ人にあること、その地でギリシャ思想とアラブ思想とユダヤ思想とが親密なやり方で混ざり合っていることに触れながら、アラブ・イスラーム文化と西洋文化とを対立させることを批判し、複数形のイスラームと複数形の西洋とが相互に豊かにし合う共存を論じている(18)。そして、ヨーロッパ中心主義にもアメリカ合衆国の覇権主義にも与しない〈来るべき民主主義〉をアラブ・イスラーム世界と欧米とがともに達成すべきことを説いている。[19] それは、ヨーロッパのフランス人からアルジェリアのムスリムに対する呼びかけではなく、自らが「アルジェリア人でもある」デリダだからこそ、アラブ・イスラーム圏内のスファラディームのユダヤ人家系出身であるデリダだからこそ可能である呼びかけである。内部でありかつ外部である場所から、越境的移動を経験した者として、イスラーム圏もキリスト教圏も知るマイノリティのユダヤ人として、つまり周縁からの視線と声をもって、呼びかけているのである。

ハミッド・ダバシが読むゴルトツィーエル・イグナーツ

さて、ジュディス・バトラーがカント哲学を、ジャック・デリダが新カント派を、それぞれヨーロッパ・ユダヤ思想が規範化しているものとして批判の俎上に載せたが、そのカントの言う「理性」や「判断力」が普遍的なものではなく、きわめてヨーロッパ的な近代国家の主権的主体を無意識の前提とした論であり、すなわちそれが植民地主義的でかつ人種主義的なものであることを分析したのは、インド出身でデリダの英語翻訳でも知られる哲学者ガヤトリ・スピヴァクの『ポストコロニアル理性批判』[20] であり、イラン出身で在米のイスラーム研究者ハミッド・ダバシの『ポスト・オリエンタリズム』である。旧植民地の目から見たときには、カントの記述で看過しがたいのは、「ヨーロッパ人だけを世界の頂点に立ち統治する唯一全知の主体として構想」し、「ヨーロッパ人は崇高なものと美的なものに関する卓越した感性をもっている」とした一方で、「ヨーロッパ人以外の地球上のあらゆる民族を人種差別的に蹴散らすカタログ」を作り、非ヨーロッパ人を本質的に「退化した」「快楽に堕した」「不自然な」「怪物的な」「醜悪な」「無知な」存在として特徴づけたことであった、とダバシは指摘する。[21]

それとは対照的に、ダバシがきわめて高く評価するヨーロッパの知識人が、ハンガリーのイスラーム研究者でかつ自身はユダヤ教徒であったゴルトツィーエル・イグナーツ（一八五〇－一九二一年）である。ゴルトツィーエルという当時においては卓越したイスラーム研究者が、悪意で歪曲された抄訳によって英語圏でも最近まで過小評価され忘却されていたのだが、ダバシは精確な全訳に長文の解説を付して再評価を与えたのであった。ここで重要な点は、ゴルトツィーエルが、一九世紀後半から二〇世紀初頭というまさにシオニズムが強く台頭していく時代に活躍した、ヨーロッパの敬虔なユダヤ教徒であり、かつ明確にシオニズムに反対していたということ（長らく歪曲と忘却に晒されてきたのも彼の反シオニズムに起因する）、そして自身ムスリムのダバシがこの敬虔なユダヤ教徒を再評価し紹介しているということだ。ユダヤ教とイスラームとが全く対立的でないことが、この二重に越境的な関係性からはっきりと示されている。

ゴルトツィーエルのイスラーム研究が当時のものとしてどれほど傑出していたのかは、イスラーム研究者であるイラン人のダバシが、「かくも広大な学問地図、歴史的洞察力の備わった文章、一つの文明全体のゲシュタルト的認識、政治史・思想運動に関する詳細な議論、これらが行き届いた文章」と手放しで絶賛するほどである。[22]そしてゴルトツィーエルは机上の学問をするにとどまらず、エジプト・カイロの名門アズハル大学に学び、そのアラビア語とイスラームに関する知識の深さで地元の学者に強い感銘を与え、エジプトの教育大臣からは好条件で教育ポストの申し出まで受けたほどであった。[23]

しかもゴルトツィーエルは、これほど傾倒したイスラームに改宗することなく、敬虔なユダヤ教徒であり続けた。むしろ、ユダヤ教への信仰とユダヤ教についての学識を通してこそイスラームを深く理解しえたのであり、ユダヤ教の思想的可能性の実現をイスラームのなかに見出していた。[24]ゴルトツィーエル自らが「ごく若い頃からヘブライ語聖書とクルアーンから得た二つのモットーが自分の人生の指針だった」と語ったように、「学者人生を懸けたイスラーム研究と揺るぎないユダヤ教への帰依とは、どちらも相互に不可欠のものであり、同じ人格をなす核心部分であった」とダバシは評する。[25]

またそれゆえにこそ、エジプトでも反植民地のデモに参加するなど、ヨーロッパによる植民地主義には一貫して反対していた一方で、エジプト文化の復興やエジプト・ナショナリズムを支持する文章を発表するなどした。[26]さらに、これもユダヤ教の信仰とイスラーム研究から必然的に導き出されたことだが、ゴルトツィーエルは、まさに同時代に台頭してきたシオニズム運動には、それがヨーロッパによる中東に対する植民地主義であると断固として反対していた。多くのオスマン帝国のムスリム指導者たちやアラブ人の名士・学者らの信頼を得ているヨーロッパ・ユダヤ人としてゴルトツィーエルのもとには、「シオニズムの父」テオドール・ヘルツルも含むシオニストの指導者たちが協力を求めて接近してきたが、それをことごとく拒否していたのである。ゴルトツィーエルのシオニズム拒否の姿勢は、ヘルツルがパレスチナを統治するオスマン帝国の皇帝に積極的に取り入ろうとしていた一九〇〇年前後も、またバルフォア宣言でイギリスがパレスチナでのユダヤ人の郷土建設を認めた一九一七年以降も、一貫して変わることがなかった。[27]他方で、ゴルトツィーエルの同僚や上司らは、台頭するシオニズムに迎合する見返りに多額の報酬を得て出世していったのだが、対照的にゴルトツィーエルはシオニズムへの協力拒否を理由に仕事を干され困窮させられていき、さらにシオニズムを前提として受け入れている後世の研究者らからも長いあいだ歪曲され忘却されてきたのであった。ダバシによって発掘されるまで。

おわりに

ジュディス・バトラー、ジャック・デリダ、ハミッド・ダバシは、いずれもヨーロッパ中心主義・植民地主義を批判しつつ、キリスト教－ヨーロッパの本質化はもちろんのこと、アシュケナジームだけを想定したヨーロッパ・ユダヤ思想もまたそれと共犯関係に陥っていることを指摘した。そこから他者化され排除ないし抑圧される中東のユダヤ教およびイスラーム、スファラディームおよびムスリムとの関係を焦点化することこそが、植民地主義・人種主義としてのシオニズムを克服するときに不可避的なことである。

デリダにはマイモニデスに対する言及があったが、ダバシもまた、ゴルトツィーエル・イグナーツの思想的立場をマイモニデスに、あるいはアヴィケンナに直結する思想的伝統に位置づけている(28)。ラテン語名マイモニデス、あるいはヘブライ語名モーシェ・ベン＝マイモーン、アラビア語名ムーサー・イブン＝マイムーンは、一二世紀イスラーム統治下スペインのスファラディのユダヤ教徒のラビで、ユダヤ・アラブ・ギリシャ・ラテン世界の言語と学問に精通していた。ラテン語名アヴィケンナ、ペルシャ語名イブン＝スィーナーは、一一世紀に活躍したペルシャ出身の科学者・医学者で、ペルシャ語・アラビア語・ギリシャ語・ラテン語に通じ、そのそれぞれで自然科学・医学・哲学・宗教学を極めた書物を残した。プラトンやアリストテレスの思想は、そのまま古代ギリシャからヨーロッパ世界へと継承されたのではない。アヴィケンナやマイモニデスらをはじめとする中世イスラーム圏でギリシャ語とアラビア語に通じたペルシャ人やユダヤ人がラテン語に翻訳したりラテン語で論じたりしたことによって、ようやくヨーロッパ世界に紹介されていったのである。ギリシャ－キリスト教の紐帯を本質化したヨーロッパが、いかに欺瞞的で反イスラーム的、反アラブ的、反スファラディ的かはいくら強調してもしすぎることはない。

パレスチナと共闘するための宗教は、こうした中東世界で越境的なスファラディのユダヤ教およびイスラームとの関係性に見出されるべきものである。

（1）エマニュエル・レヴィナス著、藤岡俊博訳『全体性と無限』講談社学術文庫、二〇二〇年など参照。
（2）ジュディス・バトラー著、大橋洋一・岸まどか訳『分かれ道――ユダヤ性とシオニズム批判』青土社、二〇一九年、八〇頁。
（3）エマニュエル・レヴィナス著、合田正人訳「政治は後で！」『聖句の彼方――タルムード　読解と講演』法政大学出版局、一九九六年、三〇一－三一一頁や、エマニュエル・レヴィナス著、合田正人監訳・三浦直希訳「いまここで」『困難な自由（増補版・定本全訳）』法政大学出版局、二〇〇八年、三二五－三八四頁など参照。
（4）バトラー『分かれ道』、九一頁。

（5）バトラー『分かれ道』、九六頁。
（6）バトラー『分かれ道』、二六四頁。
（7）高橋哲哉「《闇の奥》の記憶――アーレントと「人種」の幻影」『記憶のエチカ――戦争・哲学・アウシュヴィッツ』岩波書店、一九九五年、七九－一一八頁を参照。
（8）バトラー『分かれ道』、二六六－二六七頁。
（9）ジャック・デリダがアルジェリア出身のスファラディ・ユダヤ人であることにいち早く注目していたのが、イスラーム学者・東洋思想学者の井筒俊彦であったことは、必然的なことであり、あらためて注意すべきことである。井筒俊彦「デリダのなかの「ユダヤ人」」『思想』一一巻九号、岩波書店、一九八三年、二一－三七頁参照。
（10）ジャック・デリダ著、藤本一勇訳「戦争中の諸解釈――カント、ユダヤ人、ドイツ人」『プシュケー――他なるものの発明Ⅱ』岩波書店、二〇一九年、三六二頁。
（11）デリダ「戦争中の諸解釈」、四〇一頁。
（12）エドモン・ジャベス著、鈴木創士訳『問いの書』書肆風の薔薇、一九八八年。
（13）ジャック・デリダ著、谷口博史訳「エドモン・ジャベスと書物の問い」『エクリチュールと差異〈改訳版〉』法政大学出版局、二〇二二年、一三九頁。
（14）デリダ「エドモン・ジャベスと書物の問い」、一四二－一四四頁。
（15）フランス語で「最後のユダヤ人」と訳される Le dernier des Juifs の le dernier は、英語で言う the last と同様に、「最後の」という意味と、「最もそうでない人」の意味とが掛け合わされており、「最もユダヤ的でない人」をも含意する。
（16）ジャック・デリダ著、渡名喜庸哲訳『最後のユダヤ人』未來社、二〇一六年、一八－一九頁。
（17）デリダ『最後のユダヤ人』、九四頁。

(18) ムスタファ・シェリフ著、小幡谷友二訳『イスラームと西洋――ジャック・デリダとの出会い、対話』駿河台出版社、二〇〇七年、五四頁。
(19) シェリフ『イスラームと西洋』、八三頁。
(20) G・C・スピヴァク著、上村忠男・本橋哲也訳『ポストコロニアル理性批判――消え去りゆく現在の歴史のために』月曜社、二〇〇三年。
(21) ハミッド・ダバシ著、早尾貴紀・洪貴義・本橋哲也・本山謙二訳『ポスト・オリエンタリズム――テロの時代における知と権力』作品社、二〇一七年、二一〇―二一一頁。
(22) ダバシ『ポスト・オリエンタリズム』、五一頁。
(23) ダバシ『ポスト・オリエンタリズム』、八〇―八四頁。
(24) ダバシ『ポスト・オリエンタリズム』、一二八―一三一頁。
(25) ダバシ『ポスト・オリエンタリズム』、七〇頁。
(26) ダバシ『ポスト・オリエンタリズム』、八四頁、九一頁。
(27) ダバシ『ポスト・オリエンタリズム』、九二―九三頁、九九―一〇〇頁。
(28) ダバシ『ポスト・オリエンタリズム』、七〇―七一頁、七四頁。

執筆者プロフィール

パレスチナからのメッセージ
ニダル・アブズルフ（Nidal Abu Zuluf）
「ジョイント・アドヴォカシー・イニシアティヴ」プログラムディレクター。

第1章「パレスチナとの交差を見つけ出すために——交差的フェミニズムと連帯の再検討」
金城美幸（きんじょう・みゆき）
立命館大学生存学研究所プロジェクト研究員。パレスチナ難民たちの故郷についての歴史構築の過程を研究。主な論文に「歴史認識論争の同時性を検討するために——イスラエルと日本」『現代思想』（二〇一八年五月号）、「『虐殺』の物語の奥行き——『デイル・ヤーシーン』の解題と翻訳」『東洋文化研究所紀要』一七一（二〇一七年）。

第2章「パレスチナと資本主義による略奪——「占領のロジスティクス」という視座から」
北川眞也（きたがわ・しんや）
三重大学人文学部教員。専門は地理学（政治地理学、境界研究）。地中海のランペドゥーザ島をはじめ、イタリアをフィールドに研究を行ってきた。論文に「惑星都市化、インフラストラクチャー、ロジスティクスをめぐる11の地理的断章——逸脱と抗争に横切られる「まだら状」の大地」（平田周＋仙波希望編『惑星都市理論』以文社、二〇二一年）など。

第3章「アメリカ黒人解放闘争とパレスティナとの連帯――テキストとアートの記録で辿る闘争の経絡」
阿部小涼（あべ・こすず）
琉球大学人文社会学部教員。大学では国際社会学、社会運動論、カルチュラル・スタディーズ、エリア・スタディーズ等を担当。プエルトリコと米国の関係史・社会運動史、沖縄における米軍基地の問題と抵抗運動などに関連する文章がある。

第4章「パレスチナと性／生の政治」
保井啓志（やすい・ひろし）
東京大学大学院総合文化研究科博士後期課程。専門は、イスラエル／パレスチナのジェンダー・セクシュアリティ、フェミニズム・クィア理論、批判的動物研究。

第5章「パレスチナの歴史的鏡像としての在日朝鮮人――私が私たちになるために」
中村一成（なかむら・いるそん）
ジャーナリスト。毎日新聞記者を経て二〇一一年からフリー。在日朝鮮人や移住者、難民を取り巻く問題や、死刑が主なテーマ。映画評の執筆も続けている。著書に『ウトロ ここで生き、ここで死ぬ』（三一書房、二〇二二年）、『ルポ 京都朝鮮学校襲撃事件――〈ヘイトクライム〉に抗して』（岩波書店、二〇一四年）他。

第6章「パレスチナと日本の社会運動――日本赤軍の行動の軌跡に即して」
太田昌国（おおた・まさくに）

人文書の編集業に長く携わった後、現在は在野で、世界・日本の政治・社会・歴史の在り方をめぐって、民族・植民地問題を基軸に据えて発言している。著書に『増補決定版「拉致」異論――停滞の中で、どこに光明を求めるのか』（現代書館、二〇一八年）、『現代日本イデオロギー評註――「ぜんぶコロナのせい」ではないの日記』（藤田印刷エクセレントブックス、二〇二一年）など。

第7章「ジェンタイル・シオニズムとパレスチナ解放神学」

役重善洋（やくしげ・よしひろ）

現在、同志社大学人文科学研究所嘱託研究員。専門は政治思想研究。著書に『近代日本の植民地主義とジェンタイル・シオニズム――内村鑑三・矢内原忠雄・中田重治におけるナショナリズムと世界認識』（インパクト出版会、二〇一八年）など。

第8章「パレスチナと共闘するための宗教――分断に抵抗した越境的思想家たち」

早尾貴紀（はやお・たかのり）

東京経済大学教員。社会思想史。主著『パレスチナ／イスラエル論』（有志舎、二〇二〇年）、『ユダヤとイスラエルのあいだ――民族／国民のアポリア』（青土社、二〇〇八年）。共編書『シオニズムの解剖――現代ユダヤ世界におけるディアスポラとイスラエルの相克』（人文書院、二〇一一年）、共訳書サラ・ロイ『ホロコーストからガザへ――パレスチナの政治経済学』（青土社、二〇〇九年）、イラン・パペ『パレスチナの民族浄化――イスラエル建国の暴力』（法政大学出版局、二〇一七年）、ジョナサン・ボヤーリン／ダニエル・ボヤーリン『ディアスポラの力――ユダヤ文化の今日性をめぐる試論』（平凡社、二〇〇八年）。

交差するパレスチナ
——新たな連帯のために

2023年3月31日　第1版第1刷発行

編　者　在日本韓国 YMCA
装　釘　宗利淳一
組　版　有限会社タダ工房
発行人　小林望
発行所　株式会社新教出版社
〒162-0814 東京都新宿区新小川町 9-1
電話(代表)03(3260)6148
振替 00180-1-9991

ISBN：978-4-400-40759-1 C1036